文字の読み書きをしっかり学ぶ

タイ語の目

[増補新版]

山田 均

白水社

本書補遺「タイ語の口」に掲載した詩文などにはおまけ音源を用意しました.
以下の白水社のホームページでお楽しみください.
https://www.hakusuisha.co.jp/book/b619657.html

装画　いとう瞳

装丁　森デザイン室

まえがき

　タイ文字世界にようこそ！　タイが好きでたまらない皆さんが，タイ文字を学びたいと思われるのは，川の流れが海へ向かうようなもの，時間の問題だと思っていました．タイの街角にあふれかえるポップなタイ文字を見るにつけ，タイ人みたいにあの文字を読んでみたいなと思うのは，当然の心の流れなのです．しゃべれればそれでいいんだ，なんて強がりを言っている方でも，本当は読めるといいな，かっこいいなと思っているはずです．ちがいますか．また，一度か二度，ちょっとやってみたけれどすぐ挫折してしまったという方もいるでしょう．残念でしたね．タイ文字は整然としたルールにのっとった表記法です．やってみたけれどうまくいかなかった原因はきっと，簡単だと思って始めてしまったことか，解説の段取りが悪くてしっかりとルールを紹介できないものであったか，どちらかです．でも，心配しないで．この本の解説はとても段取りがいいはずですし，タイ文字の学習について，簡単だとか，すぐにできるよなんて，わたしはひと言も言わないからです．

　すみませんねえ，言いにくいんですけど，タイ文字は，実はちょっと複雑なんです．よく知られている表音文字の体系，たとえばフランス語やドイツ語などのラテン文字やキリル文字，ギリシャ文字より難度が高いし，デーヴァナーガリー文字，ベンガル文字などのインド系文字，ハングルや中国語のピンインやベトナム語の文字より，あきらかに習得しにくいのです．それは事実です．しかし，その難しさはルールの難しさです．段取りのいい解説があって，ルールを覚えるぞという覚悟があれば，必ず，誰にでも修得される種類の難しさなのです．ちょっと時間がかかるというだけです．せいぜい 2 倍か 3 倍．

　しかし，ここに大きな問題が立ちはだかっています．つまりルールを覚えて，コツコツと読む「解読」と，スラスラ読んだり黙読したりすること

の間には，まさにメコン川より長い距たりがあるではないか，ということです．まさにそのとおり．でも，コツコツと一音節ずつ解読する作業の先にしか，スラスラも黙読もありません．逆に言えば，一音節ずつ，確実に読みきることを積み重ねていけば，あまり遠くない将来に，スラスラや黙読の日が必ず来ます．だから，まずルールにのっとって，解読をいたしましょう．こんな文字，スラスラなんて読めるわけないよ！　ちくしょー！なんて，100回か200回くらい叫んだころにはきっとスラスラ読み始めている自分に気がつくことでしょう，わたしもそうでした．どうぞ楽しみにしていてください．この本が皆様のお役にたてることを祈っております．

増補新版にあたって
『タイ語の目』を出してから，早いもので16年が経ちました．その後，タイ文字のルールが変わったというわけでも，一音節一音節，ルールを意識しながら読み切っていくというこの本の方針が変わったわけでもありません．しかし，解説をもっとよくしたり，豆知識を盛り込んだりしたいという気持ちもあって，新版をつくらせていただくことになりました．

　新版における大事件は，「タイ語の口」という発音練習の部分をつけてみたことです．発音練習といっても，音とリズムを楽しむ練習です．タイ語は話しても聞いても楽しい言葉，意味の伝達だけではなく，話し聞くことに深い喜びが感じられる言葉です．というと，何かネイティブスピーカーにだけ開かれた花園であるように思われる方もあるかもしれません．たしかにその通りかもしれませんね．しかし，自由自在に言葉遊びができなくても，音の楽しさに気づき，音の喜びの入り口に立って，のぞき込むことくらいはできそうです．

　この本が広く皆さまの楽しみの入り口になりますよう，心より念じております．

2023年1月　　　　　　　　　　　　　　　　　　　　　　著　者

4

目　次

第 1 部
タイ語の文字について

タイ文字の成り立ち

　タイ語はタイ文字を使って書きあらわされます．タイを訪れる人は空港でまず，あちこちに書かれたタイ文字に強い印象を受けることでしょう．丸と曲線の多い，やわらかでかわいいタイ文字は，タイ語以外には使われませんし，タイ語はまたタイ文字以外では書かれません．タイ語とタイ文字は表裏一体となったものだと言えましょう．

　タイ人が自らことばを書きあらわし始めたのは13世紀ころのことで，それ以前のタイ人は文字をもっていなかったようです．

　初期のタイ文字は，13世紀のチャオプラヤー川中流域に成立したスコータイ王朝の碑文に見ることができます．とくにスコータイ王朝第3代目の王，ラーマカムヘーン王が創ったといわれる第一碑文は，文字により書き記されたタイ語の最初の例としてタイで最も大切にされているものです．スコータイ碑文，とくに第一碑文のタイ文字は，現代のタイ文字に比べると字形も母音記号の使い方もかなり異なっています．また，同じタイ文字でも，地方や時代によってさまざまの形があり，方言とともにそれぞれの地方文化の一部になってきました．

　タイ文字はタイ人がインドシナ半島に移住してきたときに，この地ですでに使われていたカンボジア人やモーン人の文字をもとにできたものだといわれています．カンボジア人やモーン人はタイ人が南下してくる1000年近く前から，インド文化の影響を受けて文明を築いており，南インドのパッラヴァ文字をもとに自分たちの文字をつくり，ことばを書きあらわし

ていました．インド文化の一部としての文字は，カンボジア文字やモーン文字だけでなく，現在東南アジアと呼ばれる地域全体にバラエティをもったさまざまなかたちで拡がっていきました．カンボジア文字を下敷きにしてタイ文字が創られ，モーン文字からビルマ文字が創られ，さらにそこから北タイや雲南の文字が生まれています．インド系文字の範囲は，北はチベットやモンゴル，西はマダガスカル島から，東はマレー半島，インドシナ，南はインドネシアの諸島，バリ島まで及ぶのです．

さて，地域によりさまざまのかたちで書かれていたタイ文字も，19世紀にタイプライターが作られ印刷が始まると，急速に字形が定まりました．20世紀にはいり学校教育が本格化するにしたがって，地方の書法・字形は失われ，バンコクのタイ文字が唯一のタイ文字としての地位を確立したのです．

現在のタイ文字は教科書や新聞などにも用いられる一般的な書体のほかに，新しいデザイン感覚を反映した多彩なレタリング文字の世界をもっています．レタリング文字は学習者の目と頭を悩ます一方，情感豊かな文字表現のひとつとして，独自の文化価値をもつものに育ちつつあります．

タイ語福袋　インド系文字1

　タイ文字はインド系文字だと言われています．インド系文字って何なのでしょうか．一口に言って，紀元前3世紀のアショーカ王碑文の文字を祖先とする文字のことです．この碑文は石や金属に彫られているのですから，ごく単純な線で構成された雄渾な文字です．Kの字なんて単純な十文字．文字形の発展という点から見て，どこかの文字が発展してこの碑文の字になったと考えるのは，無理がありそうです．このインド文字の祖先から，北インドや南インドに，子孫の文字がインド中に広がっています．

タイ文字の顔ぶれ

　タイ文字表記のいちばんの柱は子音字です．まず子音を表わす「字」が中心にあって，その上，下，左，右に母音記号などの「記号」が付記されます．記号だけが単独で存在することはありません．

子音字 母音記号　　　母音記号 子音字　　　母音記号 子音字　　　子音字 母音記号

　子音字は全部で42文字あります．子音の音そのものは20種ほどですから，平均するとひとつの音に対して2文字が配当されることになります．しかし，それはあくまで平均で，実際には［k］のようにひとつの音に1文字しかないことも，［th］のようにひとつの音に6文字があることもあり，一定していません．

　　［k］を表わす字　　　ก
　　［th］を表わす字　　ฐ ถ ฑ ฒ ฒ ธ

　母音記号とその補助的な役割をする記号は，あわせて16記号あります．実際の母音は複合母音を合わせて41音ほどありますから，いくつかの記号を組み合わせてひとつの母音を表わしたり，子音字のいくつかを借りて

きたりして表記します.

この左右の2つの記号をセットにして [ɛ] というひとつの
母音を表わします.

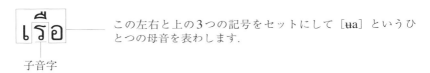

この左右と上の3つの記号をセットにして [ɯa] というひ
とつの母音を表わします.

　声調を書きあらわすのに用いる声調記号が4種類あります. 声調記号は
子音字や母音記号の上に書きます.

上に付いている数字の「1」や「2」に似た記号が声調記号です.
さらに, それ以外の役割をする記号が若干数あります.

タイ語福袋　インド系文字2

　アショーカ王碑文の文字が南に広がって使われていき, 4世紀頃, 人々
の間に定着したのがパッラヴァ文字という文字です. かたちも丸っこ
くなって, 文字の美しさが磨き上げられてきます. パッラヴァ文字が
東南アジアに伝わってからは, これを祖先としてモーン文字やクメー
ル文字が生まれてくるのです.

タイ語福袋　子音字の数

　現代タイ語で使われているタイ語の子音字は42文字です．一番権威があるとされるタイ学士院版の国語辞典にもそうなっています．しかし，もともとは44文字あったことをどこかでお聞きになった方はいませんか．本当に44文字，つまりあと2文字あったのですが，使い方があいまいになってしまったので，政府が廃字にしたというわけです．それはコー・コン（人）という字とコー・クワット（瓶）という字のふたつで，コー・コンの方はコー・クワーイ（水牛）と同じkhの音を持つ低子音字，コー・クワットはコー・カイ（卵）と同じkhの音を持つ高子音字でした．タイで作られたインド系文字で，使う単語も純タイ語に限られていました．どちらも歴史は古くスコータイのラームカムヘン王碑文にも使われているほどです．しかし，アユタヤー時代くらいから次第に使われなくなって，コー・コンはコー・クワーイに，コー・クワットはコー・カイに，それぞれ包含されてしまいました．コー・コンもコー・クワットも，チェンマイのタイ語（カム・ムアン）やいくつかのタイ系諸語の文字などに見えています．ということは，やはり存在すべき必要があったのだと考えてもいいかもしれません．具体的にはコー・クワーイやコー・カイとは別な音があって，それをあらわしていたかもしれないということです．辞書からは追い出されたコー・コンとコー・クワットですが，現在でもコンピューターのキーボードの中にちゃんと居場所を与えられているのはおもしろいことです．

第2部
タイ語の役者たち

1 よく使う子音字 ── 子音字（1）

　タイ語の表記の柱である子音字は全部で42文字です．この42文字は，どれも同じくらいの頻度で使われているのではありません．非常に頻繁に出てくるポピュラーな文字と，逆にほんの数語にしか用いられないレアな文字とがあるのです．ここではまず，きわめてよく出てくる文字，20字から練習してみます．

　子音文字について覚えなければならないポイントは次の3点です．

1　形と音

　なにしろ文字なのですから，形状とその示す音を一致させるのは当然です．形には書き順も含まれます．文字にマルのあるものは，そのマルの部分から書きはじめます．高さや幅にも注意して覚えましょう．

2　名称

　ひとつひとつの文字には，その文字を使ってつづる単語からとった「呼び名」がついています．「鶏のk」「卵のkh」というように，日本語でいえば「朝日のア」「イロハのイ」というのと似ています．呼び名はつづりを示す時に必要ですから，何度もくりかえして発音して覚えてしまいましょう．

3　クラス

　子音文字はそれぞれ，高子音，中子音，低子音という3つのグループ（ク

14

ラス）のどれかに分類されます．どのクラスに属しているかは，声調表記の際に大きな意味をもってきます．このテキストでは，高子音字を赤（赤紫）で，中子音字を紫で，低子音字を青（青緑）で表示することにします．字とそのクラスが一致するように覚えましょう．

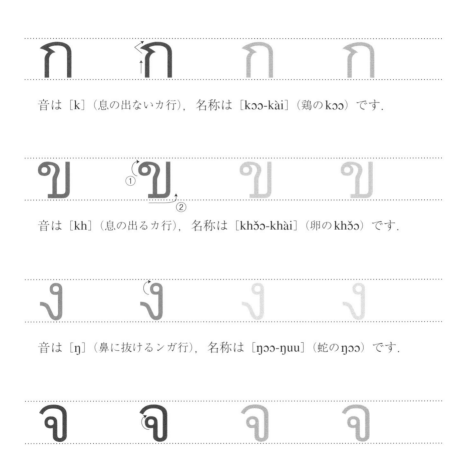

音は［k］（息の出ないカ行），名称は［kɔɔ-kài］（鶏のkɔɔ）です．

音は［kh］（息の出るカ行），名称は［khɔ̌ɔ-khài］（卵のkhɔ̌ɔ）です．

音は［ŋ］（鼻に抜けるンガ行），名称は［ŋɔɔ-ŋuu］（蛇のŋɔɔ）です．

音は［c］（息の出ないチャ行），名称は［cɔɔ-caan］（皿のcɔɔ）です．

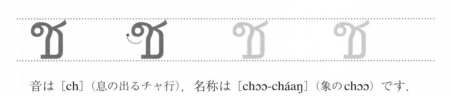

音は［ch］（息の出るチャ行），名称は［chɔɔ-cháaŋ］（象の chɔɔ）です.

音は［d］（ダ行），名称は［dɔɔ-dèk］（子供の dɔɔ）です.

音は［t］（息の出ないタ行），名称は［tɔɔ-tào］（亀の tɔɔ）です.

音は［th］（息の出るタ行），名称は［thɔɔ-thahǎaŋ］（兵隊の thɔɔ）です.

音は［n］（ナ行），名称は［nɔɔ-nǔu］（ネズミの nɔɔ）です.

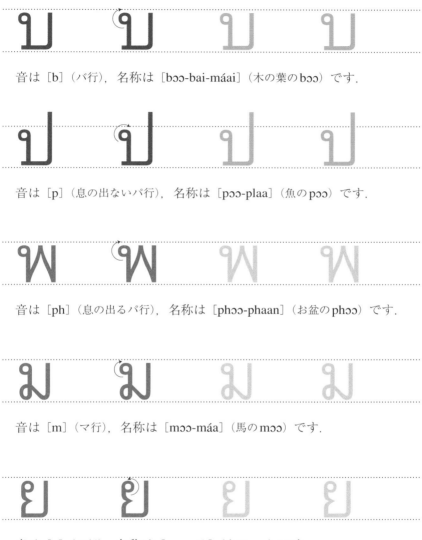

音は［b］（バ行），名称は［bɔɔ-bai-máai］（木の葉のbɔɔ）です．

音は［p］（息の出ないパ行），名称は［pɔɔ-plaa］（魚のpɔɔ）です．

音は［ph］（息の出るパ行），名称は［phɔɔ-phaan］（お盆のphɔɔ）です．

音は［m］（マ行），名称は［mɔɔ-máa］（馬のmɔɔ）です．

音は［y］（ヤ行），名称は［yɔɔ-yák］（鬼のyɔɔ）です．

音は [r]（舌を巻くラ行），名称は [rɔɔ-rɯa]（船の rɔɔ）です.

音は [l]（舌を巻かないラ行），名称は [lɔɔ-liŋ]（猿の lɔɔ）です.

音は [w]（ワ行），名称は [wɔɔ-wɛ̌ɛn]（指輪の wɔɔ）です.

音は [s]（サ行），名称は [sɔɔ-sɯ̌a]（トラの sɔɔ）です.

音は [h]（ハ行），名称は [hɔɔ-hìip]（つづらの hɔɔ）です.

อ   อ   อ   อ

　音はありません．この字についた母音記号の音だけを発音します．名称
は［ɔɔ-àaŋ］（水瓶のɔɔ）です．

【練習1】次の名称の字を書いてください．

1 khɔ̌ɔ-khài（卵）   2 tɔɔ-tào（亀）   3 rɔɔ-rɯa（船）

4 sɔ̌ɔ-sɯ̌a（トラ）   5 wɔɔ-wɛ̌ɛn（指輪）   6 mɔɔ-máa（馬）

7 nɔɔ-nǔu（ネズミ）   8 phɔɔ-phaan（盆）   9 lɔɔ-liŋ（猿）

【練習2】次の字の名称を言ってください．

1 ป   2 ก   3 อ   4 ย   5 ซ   6 ด

7 ท   8 ส   9 ห

【練習3】次の字のクラスを言ってみてください．

1 ง   2 ช   3 อ   4 ด   5 จ   6 ร

7 ห   8 ม   9 ส

2　母音記号

子音字の上下左右に母音記号をつけて，母音を表記します．

　タイ語の母音は，複合母音をあわせて41音ほどありますが，母音記号は13記号，補助的な3記号をあわせても，16記号しかありません．そこで，母音記号を2つ以上組み合わせて，セットでひとつの母音を表わすことにしたり，本来子音字であるものを母音記号として用いたりして，やりくりをしています．子音字が母音記号として使われている場合，黒で表わします．

（1）単母音の記号

　この課では，単母音18音の表記を学びます．母音記号にも，ひとつひとつ名称があります．位置とあわせて覚えましょう．saràが母音のことです．□の部分が子音字の位置を示します．

[a]　　　ะの名称は［sarà-a］

[aa]　　ๅの名称は［sarà-aa］

[i]　　　 ̍の名称は［sarà-i］

[ii]　　　 ̍の名称は［sarà-ii］

　＊子音字を書いてから，上の母音記号を書きます．

20

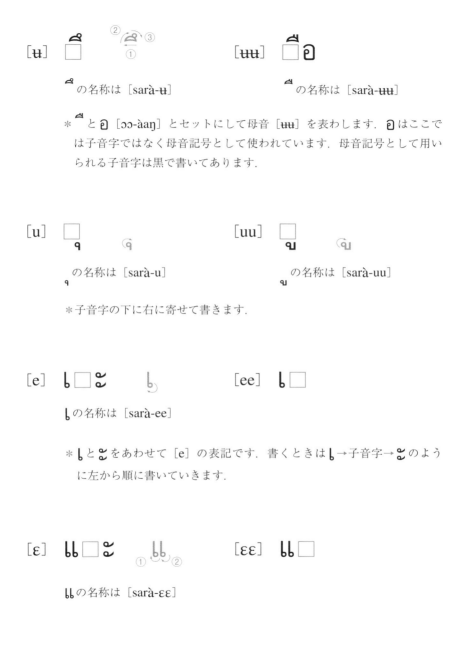

[ɯ]　　　　　　　　　　　　　　　　[ɯɯ]

◌̍ の名称は［sarà-ɯ］　　　　　　　◌̍ の名称は［sarà-ɯɯ］

＊◌̍ と อ［ɔɔ-àaŋ］とセットにして母音［ɯɯ］を表わします．อはここで
は子音字ではなく母音記号として使われています．母音記号として用い
られる子音字は黒で書いてあります．

[u]　　　　　　　　　　　　　　　　[uu]

◌ุ の名称は［sarà-u］　　　　　　　◌ู の名称は［sarà-uu］

＊子音字の下に右に寄せて書きます．

[e]　　　　　　　　　　　　　　　　[ee]

เ の名称は［sarà-ee］

＊เ と ◌็ をあわせて［e］の表記です．書くときは เ→子音字→◌็ のよう
に左から順に書いていきます．

[ɛ]　　　　　　　　　　　　　　　　[ɛɛ]

แ の名称は［sarà-ɛɛ］

21

[o] เ◻ะ   โ◻   [oo] โ◻

โ の名称は [sarà-oo]

＊เ と ะ をあわせて [o] の表記です．左から順に書いていきます．

[ɔ] เ◻าะ   [ɔɔ] ◻อ

＊3つの記号をあわせて，セットで [ɔ] の表記です．
＊子音字 อ が [ɔɔ] を表わす母音記号として使われています．

[ə] เ◻อะ   [əə] เ◻อ

＊3つの記号をあわせて，セットで [ə] の表記です．
＊2つの記号をあわせて，[əə] の表記です．

（2）声調について

　上の18種の母音記号を子音字のまわりに配置すれば，子音と母音が表記されます．ではもうひとつの要素，声調はどうなっているのでしょうか．

第1声　aa　高く，平らに発音します．第1声はとくに声調の記号をつけません．
第2声　àa　低く抑えた感じで，平らに発音します．
第3声　âa　高いところから，下にさげる感じで発音します．日本語で「ああ，そうですか」というときの「ああ」に似ています．

第4声　áa　高いところから始まって，さらに高く声を張ります．日本語で「エー！　ホントー!?」と言うときの，「エー」「トー」に似ています．

第5声　ǎa　低いところから始まって，さらに一段と下げて，その後ゆっくりと上昇させます．日本語で「へー，そうだったんだー」と言うときの「へー」に似ています．

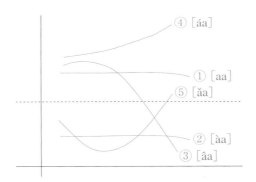

　子音字の学習の際に，子音字にはそれぞれにクラスと呼び名がきまっていることをお話ししました．その呼び名を見てください．青で書かれた低子音字や，紫の中子音字は，たとえば ฑ [chɔɔ-cháaŋ]，ด [dɔɔ-dèk] など，いずれも [chɔɔ] [dɔɔ] と第1声で呼ばれているのに対し，赤で書かれる高子音字は，ห [hɔ̌ɔ-hìip]，ส [sɔ̌ɔ-sǔa] など，どれも [hɔ̌ɔ] [sɔ̌ɔ] と第5声で示されています．

　これは，何の声調記号もつかず，長母音でおわっている場合，高子音字の音節は第5声をとり，低子音字・中子音字の音節は第1声をとる，というルールを表わしているのです．

　次の例を見てください．

[yaa]「薬」

　子音字 ย [yɔɔ-yák] が子音 [y] を表わし，母音記号 า [sarà-aa] が母音 [aa] を表わします．低子音字が長母音でおわっており，声調記号がついていませんから，声調は第1声です．

[taa]「母の父」

　子音字 ต [tɔɔ-tào] が子音 [t] を表わし，母音記号 า [sarà-aa] が母音 [aa] を表わします．中子音字が長母音でおわっており，声調記号がついていませんから，声調は第1声です．

ห า
h　aa

[hǎa]「探す」

　子音字 ห [hɔɔ-hìip] が子音 [h] を表わし，母音記号 า [sarà-aa] が母音 [aa] を表わします．高子音字が長母音でおわっており，声調記号がついていませんから，声調は第5声となります．

　このように声調の表記には，その子音字がどのクラスに属するかが大きなポイントになります．本書では色分けしてありますが，本当のタイ文の中では，もちろん色分けなし（！）ですので，少しずつ意識して覚えるようにしてください．

【練習】次のタイ文字を読んでみてください（3つずつでひとつの文になっています）.

1　ตา「祖父[母方の]」　　2　มี「もっている」　　3　นา「田んぼ」

4　มาลี「マーリー[女名]」　5　ทา「塗る」　　　6　สี「色」

7　งู「ヘビ」　　　　　8　มา「来る」　　　9　ทะเล「海」

10　ปู「カニ」　　　　　11　เจอ「見つける」　12　รู「穴」

13　ลา「ロバ」　　　　　14　หู「耳」　　　　15　ดี「よい」

16　อา「叔父・叔母[父方の]」　17　เท「注ぐ」　　　18　ชา「お茶」

タイ語福袋　声調記号

　今のタイ文字には声調記号が4種類あって，けっこう学習者の頭を悩ませていますね．初めてタイ文字ができたスコータイ時代，声調記号は2種類しかありませんでした．タイ文字の原型になったのはクメール語やモーン語の文字ですが，ふたつとも声調のない言葉なので，当然ながら声調記号はありません．インドの言語にも声調がないので，声調記号はありません．実は，世界広しと言えど，本来の文字の中に声調記号を持っているのはタイ語系の文字だけなのです．声調の親分格である中国語の仲間は当然漢字で書きますから，声調記号なんてありませんし，ベトナム語は今でこそフランス人宣教師がつくった発音記号のようなものを使っていますが，もともとは漢字やベトナム漢字．声調記号はありませんでした．

3 複合母音記号 (1)

　タイ語には複合母音が23音ほどあります．次のとおりです．ここでは
この中でよく使う約11音の表記（赤で示します）を学びます．

1	ai	2	aai	3	ɔi	4	ɔɔi	5	ooi	6	əəi	7	ui

1 ai　2 aai　3 ɔi　4 ɔɔi　5 ooi　6 əəi　7 ui
8 iu　9 ao　10 aao　11 eo　12 eeo　13 ɛo　14 ɛɛo
15 ia　16 iaʔ　17 iao　18 ɯa　19 ɯaʔ　20 ɯai　21 ua
22 uaʔ　23 uai　＊ am

＊この中には，厳密には複合母音とはいえないものもいくつかあるのですが，
　ここではあまり深く考えないことにします．

　複合母音は，いくつかの記号を組み合わせて，セットで表わすことがほ
とんどです．その中で [ai] だけはひとつの記号だけで表わすことができ
ます．また，[ai] には3種類の書き方がありますが，他の複合母音にはそ
れぞれ1種類の表記しかありません．

[ai]：3種類の表記があります．どの単語にどの文字を用いるかは決まっ
　　　ています．

　　1　ใ□　　ใ

ใ の名称は [mái-malaai]（mái は「記号」，malaai は「こわれる，破れる」
の意）．

＊もっともポピュラーな [ai] の表記です．

26

2　 ใ□　　　ใ

ใ の名称は［mái-múan］（múanは「クルッと巻く」の意）.

＊［ai］のこの表記を用いる語は20語しかありませんが，非常に重要な語
を含んでいます．大昔のタイ語では，［mái-malaai］と［mái-múan］は別
の音に発音されていました．しかし現代タイ語ではまったく同じ音です.

3　 □ั ย

ั の名称は［mái-hǎn-aakàat］（hǎn-aakàatは「空をふりかえる」の意）.

＊外来語の表記に使う［ai］の記号です．［mái-hǎn-aakàat］と子音字
［yɔɔ-yák］を組み合わせてセットでひとつの記号です．子音字ยはここ
では子音字としてではなく，母音記号の一部として使われています．こ
のあとに出てくる子音字はみな同様です.

［aai］：□ า ย

＊母音記号［sarà-aa］と子音字ย［yɔɔ-yák］を組み合わせて，セットで
ひとつの複合母音［aai］を表わします.

［ɔɔi］：□ อ ย

＊子音字อ［ɔɔ-àaŋ］と子音字ย［yɔɔ-yák］を組み合わせて，セットで
ひとつの複合母音［ɔɔi］を表わします.

［ao］：เ□ า

＊母音記号［sarà-ee］と［sarà-aa］の組み合わせです.

27

［aao］： □ าว

  ＊母音記号［sarà-aa］と子音字 ว［wɔɔ-wɛ̌ɛn］の組み合わせです．

［ɛɛo］： แ□ว

  ＊母音記号［sarà-ɛɛ］と子音字 ว［wɔɔ-wɛ̌ɛn］の組み合わせです．

［ia］： เ◻̂ย

  ＊母音記号［sarà-ee］，［sarà-ii］と子音字 ย［yɔɔ-yák］の3つを組み合わせ
  てひとつのセットにしています．

［iao］： เ◻̂ยว

  ＊母音記号［sarà-ee］，［sarà-ii］と子音字 ย［yɔɔ-yák］，ว［wɔɔ-wɛ̌ɛn］の
  4つを組み合わせてひとつのセットにしています．

［ɯa］： เ◻̂อ

  ＊母音記号［sarà-ee］，［sarà-ɯɯ］と子音字 อ［ɔɔ-àaŋ］の3つをセットにして
  ［ɯa］です．

［ɯai］： เ◻̂อย

  ＊母音記号［sarà-ee］，［sarà-ɯɯ］と子音字 อ［ɔɔ-àaŋ］，ย［yɔɔ-yák］の4
  つがセットです．

［ua］： ◻̌ว

  ＊母音記号［mái-hǎn-aakàat］と子音字 ว［wɔɔ-wɛ̌ɛn］の組み合わせです．

[am]：□ำ

＊[am] は正しくは複合母音ではありませんが，ひとつの記号で表わします．
この記号の名は［sarà-am］です．

【練習1】 次のタイ文字を読んでみてください（3つずつでひとつの文
になっています）．

1　แมว「ネコ」　　　2　ไป「行く」　　3　ลาว「ラオス」

4　เสือ「トラ」　　　5　ขาว「白い」　　6　รำ「踊る」

7　เรือ「船」　　　　8　ใบ「帆」　　　9　หาย「なくなる」

10　เมีย「カミさん」　11　ขาย「売る」　12　หอย「貝」

13　ยาย「母方の祖母」　14　เขา「彼」　　15　อาย「恥ずかしがる」

【練習2】 次のタイ文字を読んでください（2つずつでひとつの文にな
っています）．

1　ชาวเขา「山地民族」　2　ทำยำ「和え物をつくる」

3　หอยลาย「アサリ」　4　เสียใจ「悲しむ」

5　วัวตัวเมีย「雌牛」　6　เมาเบียร์ลาว「ラオスビールに酔う」

＊6のรの上にある記号を［kaaraŋ］といいます．この字を発音しないという
意味です．発音しないので，クラスも関係ありません．がついた子音字を本
書では黒で書くことにします．

29

4 子音字（2）

　前課では子音字42文字のうち，比較的よく使う20文字を選んで学びました．次に残りの22文字をご紹介します．

　音は［kh］（息の出るカ行），名称は［khɔɔ-khwaai］（水牛のkhɔɔ）です．実はよく使います．

　音は［kh］（息の出るカ行），名称は［khɔɔ-rakhaŋ］（鐘のkhɔɔ）です．ほとんど使わない字です．

　音は［ch］（息の出るチャ行），名称は［chɔɔ-chìŋ］（小シンバルのchɔɔ）です．あまり使わない字です．

音は［s］（サ行），名称は［sɔɔ-sôo］（鎖のsɔɔ）です．あまり使わない字です．

音は［ch］（息の出るチャ行），名称は［chɔɔ-chəə］（樹木のchɔɔ）です．きわめて稀にしか使われません．

音は［y］（ヤ行），名称は［yɔɔ-yǐŋ］（女性のyɔɔ）です．この字の下に母音記号［sarà-u］または［sarà-uu］が来るとき，ญ の下の部分は書かれません．

音は［d］（ダ行），名称は［dɔɔ-chadaa］（古典舞踊でかぶる冠）です．ほとんど使わない字です．

　音は［t］（息の出ないタ行），名称は［tɔɔ-patàk］（古い農具パタックのtɔɔ）です．ごく稀にしか使われません．

　音は［th］（息の出るタ行），名称は［thɔ̌ɔ-thǎan］（台座のthɔɔ）です．あまり使わない字です．

　音は［th］（息の出るタ行），名称は［thɔɔ-monthoo］（モントー夫人のthɔɔ）です．あまり使わない字です．

　音は［th］（息の出るタ行），名称は［thɔɔ-phûu-thâo］（老人のthɔɔ）です．あまり使わない字です．

音は［n］（ナ行），名称は［nɔɔ-neen］（少年僧のnɔɔ）です．

音は［th］（息の出るタ行），名称は［thɔɔ-thǔŋ］（袋のthɔɔ）です．

音は［th］（息の出るタ行），名称は［thɔɔ-thoŋ］（旗のthɔɔ）です．

音は［ph］（息の出るパ行），名称は［phɔɔ-phʉ̂ŋ］（ハチのphɔɔ）です．

音は［f］（上の歯と下唇がふれるファ行），名称は［fɔɔ-fǎa］（蓋のfɔɔ）です．
あまり使わない字です．

音は［f］（上の歯と下唇がふれるファ行），名称は［fɔɔ-fan］（歯のfɔɔ）です.

音は［ph］（息の出るパ行），名称は［phɔɔ-sǎmphao］（ジャンク船のphɔɔ）です. あまり使われない字です.

音はs］（サ行），名称は［sɔɔ-sǎalaa］（亭のsɔɔ）です.

音は［s］（サ行），名称は［sɔɔ-ruusǐi］（修行者のsɔɔ）です. ほとんど使われない字です.

音は［l］（ラ行），名称は［lɔɔ-cùlaa］（チュラー凧のlɔɔ）です. ほとんど使われない字です.

　音は［h］（ハ行），名称は［hɔɔ-nók-hûuk］（ふくろうのhɔɔ）です．擬声・擬態語と外来語だけに使います．

　さあ，これでタイ語の子音文字の42文字が全部出てきました．インド系文字の配列にしたがって，表に並べてみました．辞書もすべてこの1～42の順序に配列されています．

	タイ	梵語 ［無声無気音］	梵語 ［無声有気音］	タイ	梵語 ［有声無気音］	タイ	梵語 ［有声有気音］	梵語 ［鼻音］
カ行他		1 ก	2 ข		3 ค		4 ฆ	5 ง
チャ行他		6 จ	7 ฉ		8 ช	9 ซ	10 ฌ	11 ญ
タ行［1］他	12 ฎ	13 ฏ	14 ฐ		15 ฑ		16 ฒ	17 ณ
タ行［2］他	18 ด	19 ต	20 ถ		21 ท		22 ธ	23 น
パ／マ行	24 บ	25 ป	26 ผ	24 ฝ	28 พ	29 ฟ	30 ภ	31 ม
ヤ／ラ／ワ行	32 ย	33 ร	34 ล	35 ว				
サ行						36 ศ	37 ษ	38 ส
その他	39 ห	40 อ	41 ฬ	42 ฮ				

35

この配列はカンボジア文字やビルマ文字，シンハラ文字など，他のインド系文字と共通のもので，室町時代にできた日本のアイウエオ五十音の配列の原形でもあります．

　表の最上段に「タイ」と書いてあるのは，その字がタイで考案された文字であり，インドの文字には対応するものがないことを示しています．「梵語」とあるのはインド文字に対応しているもので，インド文字での音を示しています．タイ語ではインド語からの借用語を表記する場合，原語のつづりに忠実に翻字し，それをタイ語の読み方で読むため，これを知っておくと，タイ語のつづりから，もとのインド語のつづりを探すことができます．

　すでに触れたように，タイ文字は他の東南アジアの文字と同じように，古いインド文字の系統をひいています．インド文字は，インドの言語の音の組織にもとづいて作られていますから，タイ語の音を表わすのに用いると，いろいろな齟齬がでてきます．

　例えば，インド語ではタ行が，舌先の付く位置によって2種類ありますので，文字も2種類のタ行（上の表のタ行［1］，タ行［2］）がありますが，タイ語を表わす際には同じ音になります．

　また，インド語ではS系列の音が，「サ」「シャ」「舌をまるめたシャ」と3種類あります．そこで文字も3文字ありますが，タイ語には「サ」しかありませんから，その3文字はどれも同じ音になります．

　一方，インド語には本来なくて，タイ語にあるような音には，新しく文字を作って配当しています．

　もっともユニークなのは単独ででてくる母音の表記です．インド語には母音の数が少ないので，それぞれの母音に字があります．タイ語では，母音の数が多いため，ひとつひとつ字を定めていては大変です．そこで，自分の音をもたない子音字อを使って，そこに母音記号を付けることで表

記しているのです.

【練習1】 次の字の名称を言ってください.

1 ฆ（鐘）　　　2 ฟ（歯）　　　3 ฑ（モントー夫人）

4 ผ（ハチ）　　　5 ค（水牛）　　　6 ญ（女性）

7 ฎ（冠）　　　8 ศ（亭）　　　9 ฒ（老人）

【練習2】 次の名称の字を書いてください.

1 thǒɔ-thǎan（台座）　　2 sǒɔ-ruusǐi（修行者）　3 thɔɔ-thoŋ（旗）

4 sɔɔ-sôo（鎖）　　5 hɔɔ-nók-hûuk（ふくろう）　6 nɔɔ-neen（少年僧）

7 phɔɔ-sǎmphao（ジャンク船）　　　8 thǒɔ-thǔŋ（袋）

9 chɔ̌ɔ-chìŋ（小シンバル）

【練習3】 次のタイ文字を発音記号に直しましょう（3つずつでひとつ
　　　　 の文になっています）.

1 ผี「お化け」　　　2 ขอ「乞う」　　　3 ขา「脚」

4 ภาษา「言語」　　　5 คือ「...である」　　　6 ฝีมือ「技術」

　タイ語には同じ音を表わす字がたくさんあるので，正確なつづりを覚え
るのはなかなか大変です．新しい単語や人名・地名などのつづりを知りた
いときには，こう質問します.

その単語＋sakòt yàaŋ-rai（khráp / khá）

［sakòt］は「つづる」「つづりを読みあげて示す」という意味で，「〇〇

はどのようにつづりますか」となります.

　聞かれた人は，手で書く順番に記号や文字の名称を言って，つづりを示してくれます．例えば，เวลา ［weelaa］「時間」という単語であれば，手で書く順番で，記号や文字を次のように言って示してくれます.

　　sarà-ee　wɔɔ-wɛ̌ɛn　lɔɔ-liŋ　sarà-aa

　また，自分の名前なども，sakòt yàaŋ-rai（khráp / khá）と聞かれたら，手で書く順番で記号や文字を示します．たとえば，ยามาดะ「山田」なら，次のようにです.

　　yɔɔ-yák　sarà-aa　mɔɔ-máa　sarà-aa　dɔɔ-dèk　sarà-a

【練習4】次の語のつづりを示して（sakòt）ください.
　1　ชี「尼」　　　　2　ขาว「白い」　　3　ไอ「セキをする」
　4　พอ「十分な」　　5　นำ「導く」　　　6　ตัว「体」

【練習5】次のsakòtにしたがって単語を書いてください.
　1　yɔɔ-yák　sarà-aa「薬」
　2　sarà-ee　tɔɔ-tào　sarà-aa「コンロ」
　3　mái-múan　nɔɔ-nǔu「…の中に」
　4　sarà-ɛɛ　cɔɔ-caan　wɔɔ-wɛ̌ɛn「櫓でこぐ，櫓」

5 複合子音字

　複合子音とは，2種類の子音をつづけて発音するもので，タイ語には次の11種類があります．これ以外の子音の組み合わせはありませんし，3つ，4つの子音の組み合わせもありません．

1　kr	2　khr	3　kl	4　khl
5　tr			
6　pr	7　phr	8　pl	9　phl
10　kw	11　khw		

　複合子音字というような特別な文字があるわけではなく，ふつうの子音字を2つ並べて書くだけです．

子音字(1) ＋ 子音字(2)　＊まとめてひとつの子音字として扱います．

　複合子音字のクラスは左側の字（はじめの字）のクラスに従います．上の図の子音字（1）が低子音字であれば全体として低子音字となり，高子音字であれば全体として高子音字として扱います．

低子音字＋低子音字　→　低子音字
中子音字＋低子音字　→　中子音字
高子音字＋低子音字　→　高子音字

それぞれの複合子音の表記は次のとおりです．

[kr]：**กร**

これ1種類です．

[khr]：**คร**　　**ขร**

2種類の書き方があります．単語によって，どちらを使うかは決まっています．

[kl]：**กล**

これ1種類です．[l]の音をもっていても **ฬ** [lɔɔ-cùlaa] は使いません．

[khl]：**คล**　　**ขล**

2種類あります．[kh]の音をもっていても **ฆ** [khɔɔ-rakhaŋ] は使われません．

[tr]：**ตร**

これ1種類です．[t]の音をもっていても **ฏ** [tɔɔ-patàk] を使う表記はありません．

[pr]：**ปร**

これ1種類です．

[phr]：พร　　ผร

2種類あります．[ph] の音をもつ ฌ [phɔɔ-sǎmphao] を使った ฌร とい
う表記もありますが，古語・文語（雅語）に数例あるのみです．

[pl]：ปล

これ1種類です．

[phl]：พล　　　ผล

2種類あります．ฌ [phɔɔ-sǎmphao] は使われません．

[kw]：กว

これ1種類です．

[khw]：คว　　　ขว

2種類あります．ฆ [khɔɔ-rakhaŋ] を使う語はありません．

複合子音字に母音記号を付ける場合，

（1）　子音字の左側に付く母音記号は，複合子音字全体の左側に付きます．

แ□□ [ɛɛ]   ไ□□ [ai]

(2) 子音字の上下に付く母音記号は，2番目の字の上下に付きます．

□◌ี [ii]   □◌ [uu]
        ◌ุ

(3) 子音字の右側に付く母音記号は，複合子音字全体の右側に付きます．

□□า [aa]   □□อ [ɔɔ]

(4) いくつかの母音記号が組み合わさって，ひとつの母音を表わすとき
には，それぞれの記号をそれぞれの正しい位置に付けます．

เ□□า [ao] ＊2つの記号からなっています．

เ□◌ือ [ɯa] ＊3つの記号からなっています．

【練習】次の語を発音記号に直して，発音してみてください．

1 ปลา「魚」   2 ครู「教師」   3 กลัว「恐れる」

4 แตร「ラッパ」   5 พลอย「宝石」   6 ตรา「ハンコ」

7 ควาย「水牛」   8 แพรว「光った」   9 ขวา「右」

10 ครัว「台所」   11 แผล「キズ」   12 เผลอ「ウッカリする」

13 ตรี「第3の」   14 กรีฑา「陸上競技」 15 เครือ「夢，一族」

16 ไกล「遠い」   17 พลู「ビンロウ」

母音 [ɔɔ]，複合母音 [ua] は，次のように表記されます．

[ɔɔ] ⟨ ⃞ อ   [ua] ⟨ ⃞ ⃨ อ

これを複合子音字に付けると，

[ɔɔ] ⟨ ⃞ ⃞ อ   [ua] ⟨ ⃞ ⃞ ⃨ อ

となるのは，すでに学んだとおりです．例えば，練習の 12 や 15 などです．
しかし，これをまん中で切って 2 音節として読めば，この複合母音字はそ
れぞれ単独の子音字となり，

<table>
<tr><td>[ee]</td><td>[ɔɔ]</td><td>[ee]</td><td>[ɯɯ]</td></tr>
</table>

前とは似ても似つかない発音になってしまいます．このことは，[e][ɛ]
[o] や複合母音 [ao] についても言えます．
　これは，タイ語表記法の穴（欠陥）です．2 通りに読めてしまうのです．
　しかし実際には，タイ人でそのように読む人はいません．ひとつには，
そのような単語がないため，無意識にその読みを避けているのですが，も
うひとつには，この複合子音字を見たとたんに，これを 2 つの子音字だと
は見ないで，ひとつの複合子音字だと認識してしまう習慣的な目がそうさ
せるのです．このようなルール上の穴があることを心に留めつつ，でもあ
まりこだわらないで，どんどん読んでいくことが大事です．たくさん読ん
でいくうちに，タイ文字を読む目が育っていき，自然にルール上の穴を避
けて読めるようになるのです．

43

6 複合母音記号 (2)

　第4課では複合母音の記号の中から比較的よく使う11種ほどを選んで学びました．本課では，残りの12種を見ていきます．

[ɔi]： ◌͆อย

　＊ ◌͆ の名称は［mái-tàikhúu］（máiは「記号」，tàikhúuは「曲げのぼり」というほどの意味ですが，詳しい由来はわかりません）．母音を短くする働きをもつ補助記号です．

[ooi]： เ◌ย

　＊母音記号［sarà-oo］と子音字 ย［yɔɔ-yák］の組み合わせです．

[əəi]： เ◌ย

　＊母音記号［sarà-ee］と子音字 ย［yɔɔ-yák］の組み合わせです．

[ui]： ◌ุย

　＊母音記号［sarà-u］と子音字 ย［yɔɔ-yák］の組み合わせです．

44

[iu] : ◌ิว

* 母音記号［sarà-i］と子音字 ว［wɔɔ-wɛ̌ɛn］の組み合わせです.

[eo] : เ◌็ว

* 母音記号［sarà-ee］, 補助記号［mái-tàikhúu］, 子音字 ว［wɔɔ-wɛ̌ɛn］の3
つのセットです.

[eeo] : เ◌ว

* 母音記号［sarà-ee］と子音字 ว［wɔɔ-wɛ̌ɛn］の組み合わせです.

[ɛo] : แ◌็ว

* 母音記号［sarà-e］, 補助記号［mái-tàikhúu］, 子音字 ว［wɔɔ-wɛ̌ɛn］の3
つのセットです.

[iaʔ] : เ◌ียะ

* 母音記号［sarà-ee］と［sarà-ii］, 子音字 ย［yɔɔ-yák］, 母音記号［sarà-a］
の4つのセットです.

[ɯaʔ] : เ◌ือะ

* 母音記号［sarà-ee］と［sarà-ɯɯ］, 子音字 อ［ɔɔ-àaŋ］, 母音記号［sarà-a］
の4つのセットです.

45

[uaʔ] : ◻ ัวะ

  ＊母音記号［mái-hǎn-aakàat］と子音字ว［wɔɔ-wɛ̌ɛn］, 母音記号の［sarà-a］
  の3つの組み合わせです.

[uai] : ◻ วย

  ＊子音字ว［wɔɔ-wɛ̌ɛn］と ย［yɔɔ-yák］の組み合わせです.

  これで, タイ語の全部の子音字, 複合子音字, 母音記号, 複合母音記号
がでそろったことになります.

【練習1】 発音記号に直してください.

  1 คุย「自慢する」   2 ผิว「皮膚」   3 สวย「美しい」

  4 เคย「…したことがある」 5 รวย「金持ちの」

  6 โดย「…によって」   7 เร็ว「速い」

【練習2】 次に示されたつづりにしたがって, タイ文字をつづってくだ
      さい.

  1 mɔɔ-máa, wɔɔ-wɛ̌ɛn, yɔɔ-yák「ボクシング」

  2 wɔɔ-wɛ̌ɛn, sarà-i, wɔɔ-wɛ̌ɛn「風景」

  3 sarà-ee, nɔɔ-nǔu, yɔɔ-yák「バター」

◇コラム　ไทยとไท

　今のタイ国に住むタイ族を表わす［thai］はไทยとつづります．最後の
［yɔɔ-yák］は発音しませんが，例外的に付いています．では，この発音し
ない［yɔɔ-yák］をとったไท［thai］はどういう意味でしょうか．

　これは広い意味でのタイ族，つまり中国広西省・雲南省，ラオスやミャ
ンマーのシャン高原，ベトナムの北部，遠くインドのアッサム州にまで分
布するタイ系諸族全体を表わす「タイ族」という意味なのです．

　実際にはチエンマイより北に住むタイ族のことばでは，民族名は［thai］
ではなく［tai］と呼ばれることが多く，雲南省などでは［dai］と発音され
ています．中国語では，そうした（中国の少数民族としての）タイ族を表
わすのに，「傣」という特別な漢字を創って［dai］（これは中国のピンインで
す．dは息の出ないタ行を示しますから，発音はtaiです）と読んでいます．

タイ語福袋　文字の順序

　インド系文字の配列はとてもシステマチックで覚えやすいものです．
最初に母音があり，喉の音（カ行）があり，舌を使った音（チャ行）
があり，舌先を使った音（タ行やナ行）があり，唇を使った音（パ行
やマ行）があり，イの半母音的な音（ヤ行），舌の震えを使った音（ラ行），
ウの半母音的な音（ワ行）があり，最後にそれ以外の音（サ行とか）
が来て終わるという順序です．これはほとんどのインド系文字に共通
した配列で，タイ語もそのひとつです．ただ，タイ語の場合は母音の
数が多いので，ひとつひとつに文字を配当していたのではキリがない
というわけで，オー・アーンに母音記号を付けるということで表記して
います．名案だと思います．

7 末子音（1）

　タイ語には母音を発声した後におこる唇，歯，舌，喉をつかった動き，つまり「末子音」が6種類あります．[aa] につけて示してみます．

aa-ŋ	（鼻に抜けるアーンℊ）	aa-k	（喉でとめるアー゠ℊ）
aa-n	（舌でとめるアーン）	aa-t	（舌でとめるアート）
aa-m	（唇でとめるアーム）	aa-p	（唇でとめるアーᆿ）

　このうち，左側に書いた3種類は詰まった感じのない「平音節」を形づくり，右側の3種類は声が詰まった感じがする「促音節」をつくります．ここで「平音節」「促音節」をちょっとまとめてみましょう．

　平音節：長母音もしくは末子音 -ŋ, -n, -m で終わる音節です．
　促音節：短母音もしくは末子音 -k, -t, -p で終わる音節です．
　＊ただし，語中の短母音 [a] は詰まった感じになりませんから，例えば，
　　กะเทย の [ka] は「平音節」として扱います．

　この2種類の音節の区別はこれから声調の表記を学ぶうえで大切なものになります．しっかりと覚えてください．
　ここではまず，詰まった感じのない3種類の末子音について，その表記を学びます．

　末子音は，子音字とそのまわりに書かれる母音記号の後に，末子音字を
置くことで表記します．

　末子音字は今まで学んできた子音字をそのまま使えますが，同じ字でも
通常の子音字として使うときと，末子音字として使うときとでは，表わす
音が違うことがありますから，注意してください．

　また，末子音字のクラスは声調表記にはまったく影響ありません．です
からこの本ではすべて黒で書くことにします．

◇末子音［-ŋ］の表記

ง

末子音［-ŋ］を表わすのはこの字だけです．

◇末子音［-n］の表記

น

　いちばん一般的な末子音［-n］の表記です．外来語でない，もともとの
タイ語の単語はすべて น を使って表記します．末子音［-n］をもつ単語
の7割がたはこの表記です．まず，この表記を覚えてください．

ญ

外来語の表記にときどき使います.

＊ ญ の文字は，インド文字の体系の中では［ny］を表わす文字です．
タイ語には［ny］（ニャ）という音がないので，それがふたつに分離
してしまい，通常の子音字としては［y］，末子音としては［n］と発
音するようになっています.

ณ

外来語の表記の中では，比較的よく出てくる表記です.

ร ล ฬ

上の3文字はすべて，外来語の表記に使います．通常の子音字と
して使うときには，それぞれ［r］［l］［l］ですが，末子音字として
使うときには，どれも同じように［-n］と発音します.

◇末子音［-m］の表記

ม

末子音［-m］を表わすのはこの表記だけです.

＊この他に，複合母音記号扱いで ำ［sarà-am］という記号がありました．こ
れも末子音［-m］を含んでいます.

声調表記のルールについて，23ページでもほんの少し触れましたが，
平音節で声調記号がつかない場合，高子音字の音節は5声を，中子音字・
低子音字の場合は1声をとります．表にすると以下のようになります.

	平音節
高子音字	ˇ
中子音字	−
低子音字	−

【練習1】 次の語を発音記号に直しましょう.

1 ถุง「袋」　　　2 ยาง「ゴム」　　　3 แพง「値段が高い」

4 เพลง「唄」　　5 แกง「汁もの料理」　6 เมือง「国, 町」

【練習2】 次の語を発音記号に直しましょう.

1 กิน「食べる」　2 อาหาร「食事」　3 จีน「中国の」

4 คุณ「あなた」　5 สอน「教える」　6 เขียน「書く」

【練習3】 次の語を発音記号に直しましょう.

1 ตาม「従う」　　2 ยาม「時, 夜警」　3 ผอม「やせている」

4 ถาม「尋ねる」　5 ความ「意味」

【練習4】 次の語を発音記号に直しましょう.

1 รามคำแหง「ラームカムヘン」　　2 โรงแรม「ホテル」

3 ดอนเมือง「ドーンムアン」　　　4 บางลำพู「バーンラムプー」

5 อาจารย์「先生」

51

8 末子音(2)──母音記号の変化

　末子音は子音字とそのまわりに書かれる母音記号の後に末子音字を置いて表わすことを前の課で学びました．しかし，ここでちょっと注意しなければならないことがあります．

　末子音字が後ろに来ることによって，形を変える母音記号があるのです．次の9種の母音記号は，後ろに末子音が来ると，次のように形を変えてしまいます．

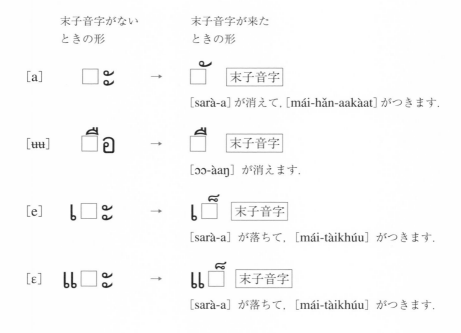

<table>
</table>

	末子音字がない ときの形		末子音字が来た ときの形
[a]	□ะ	→	□̆ ［末子音字］

[sarà-a] が消えて，[mái-hǎn-aakàat] がつきます．

| [ɯɯ] | □̂อ | → | □̂ ［末子音字］ |

[ɔɔ-àaŋ] が消えます．

| [e] | เ□ะ | → | เ□̆ ［末子音字］ |

[sarà-a] が落ちて，[mái-tàikhúu] がつきます．

| [ɛ] | แ□ะ | → | แ□̆ ［末子音字］ |

[sarà-a] が落ちて，[mái-tàikhúu] がつきます．

[o]　โ□ะ　→　□ 末子音字

[sarà-oo] と [sarà-a] がともに落ちて，何の記号もなくなります！　逆に考えると，「まわりに母音記号がなく，末子音につづいている場合，[o] が内在する」と言えます．

[ɔ]　เ□าะ　→　□็อ 末子音字

まったく形を変えてしまいます．

[ə]　เ□อะ　→　เ□ิ 末子音字

[ɔɔ-àaŋ] と [sarà-a] が落ちて，その代わりに [sarà-i] がつきます．

[əə]　เ□อ　→　เ□ิ 末子音字

[ɔɔ-àaŋ] の代わりに [sarà-i] がつきます．ところで，上の2つは，変形後の形が同一であることに注意してください．末子音が付いたときには，[ə] と [əə] は表記上，区別がつかなくなります．[ə] なのか [əə] なのかは，単語ごとに覚えておかなければなりません．表記法の穴です．

[ua]　□ัว　→　□ว 末子音字

[mái-hǎn-aakàat] が落ちます．

53

【練習】 次の語を発音記号に直しましょう.

1 ผม「ぼく，髪」　　2 เป็น「…である」　3 คน「人」

4 ปัญหา「問題」　5 อม「口に含む」　6 เงิน「お金，銀」

7 สำคัญ「重要な」　8 ดนตรี「音楽」　9 เดินทาง「旅行する」

タイ語福袋　インドの字とタイの字

　タイ語の子音字は42文字あって，インド系文字の配列によって順序よく並んでいるということをご紹介しましたが，インドの字になくてタイで作ったものもあります．たとえばフォー・ファンやフォー・ファーです．もともとインドの言語にはfの音がないので当然ながら字もありません．一方タイ語において，fは純タイ語の中にもいくつも出てくるポピュラーな音です．ですから既存のphの字の尻尾を伸ばして新規に作ったのです．言わばタイ製インド系文字です．ご本家のヒンディー語でも，後代に入ってきたアラビア語起源の語にはfがよく使われますが，本来の字はありませんから，それをあらわすためにphの字に点を加えて表記することにしたりして，なかなか苦労しています．

9 末子音(3)——k, t, p

　末子音［-ŋ］［-n］［-m］の表記については，第7課，第8課で学んだと
おりです．本課で学ぶ末子音［-k］［-t］［-p］の表記も，基本的にはそれと
なんら変わるところはありません．子音字とその上下左右に母音記号が付
いたものの後ろに末子音字を置くことで表記することも同じですし，末子
音字が後ろに来ることによって9種の母音記号が形を変えることも同じで
す．

　大きな違いは，末子音［-k］［-t］［-p］が付くと，その音節は促音節（詰
まった音節）となり，声調の変化をともなうという点です．

　今まで学んできた音節はすべて平音節，つまり「長母音または［-ŋ］［-n］
［-m］で終わる音節」でした．これと，促音節，つまり「短母音または［-k］
［-t］［-p］で終わる音節」の表わす声調との違いは次のようになります．
子音字のクラス（高子音字，中子音字，低子音字の区別）も非常に大切な
ものになってきます．

	平音節	促音節	
高子音字	ˇ	ˋ	
中子音字	–	ˋ	
低子音字	–	短母音	長母音
		ˊ	ˆ

55

平音節においては，子音字が高子音字である場合だけ5声で，中子音字，低子音字の場合は1声を表わしました．

　促音節になると，高子音字と中子音字は2声をとり，低子音字にあってはそこにある母音が短母音なら4声，長母音なら3声をとるというちょっと複雑なルールになっています．なお，7課で触れたように，末子音字のクラスは声調の表記にはまったく影響しません．

　それでは末子音［-k］［-t］［-p］の具体的な表記を見ていきましょう．

◇末子音［-k］の表記

ก

　いちばん一般的な末子音［-k］を表わす字です．外来語ではない，もともとのタイ語の単語（純タイ語）はすべて，この字を使って表記します．

ข　ค　ฆ

　これらの字を使って末子音［-k］を表記する単語もあります．どの単語にどの字を使うかは決まっています．なお，これらの表記をする単語はすべてインド語からの外来語です．原語のつづりにしたがって決まった文字を使うのです．

◇末子音［-t］の表記

ด

　いちばん一般的な末子音［-t］の表記です．純タイ語の末子音［-t］はすべて，この字を使います．

ต ฎ ถ ท ฒ ธ ฏ

　これらの字を使って末子音［-t］を表記する単語もあります．これらはもともと［t］［th］［d］など，タ行の音を表わす字です．末子音字として使われるとすべて［-t］になります．

จ ณ ช ฌ

　これらの字を使って末子音［-t］を表記する単語もあります．もともと［ch］［c］など，チャ行の音を表わす字ですが，末子音字として使われるとすべて［-t］になります．

ศ ษ ส

　これらの字を使って末子音［-t］を表記する単語もあります．もともと［s］の音をもつ字ですが，末子音字として使われるとすべて［-t］となります．

　末子音［-t］を表わす字はこのように多いのですが，ด以外はすべて外来語の表記に使います．まずはดを覚え，その他は出てきたときに確認して覚えるくらいでいいと思います．

◇末子音［-p］の表記

บ

　いちばん一般的な末子音［-p］の表記です．純タイ語の末子音［-p］はすべて，この字を使います．

57

ป ผ พ ภ

　これらの字を使って末子音［-p］を表記する単語もあります．す
べて外来語です．出てきたときに確認しながら，少しずつ覚えてい
きましょう．

【練習1】（高子音字）次の語を発音記号に直しましょう．声調にも注
　　　　意してください．

［-k］

1　สุก「熟す」　　2　ผัก「野菜」　　3　ฝึก「稽古する」

4　แขก「お客，南アジア人」

［-t］

5　ผัด「炒める」　　6　ขาด「欠ける」　　7　เผ็ด「からい」

8　โหด「残忍な」

［-p］

9　ขับ「追いたてる」　10　สอบ「試験する」　11　ถีบ「蹴りとばす」

12　ศัพท์「語」

【練習2】（中子音字）次の語を発音記号に直しましょう．

［-k］

1　ตัก「よそる」　　2　เปียก「濡れる」　　3　เด็ก「子ども」

4　อก「胸」

58

[-t]

  5 เป็ด「アヒル」   6 บาท「バート」   7 อูฐ「ラクダ」

  8 เกิด「生まれる」

[-p]

  9 กบ「カエル」   10 ตอบ「答える」   11 อบ「蒸す」

  12 แบบ「スタイル，形」

【練習3】（低子音字）次の語を発音記号に直しましょう．母音の長短
　　　　　　によって表わされる声調が違うことに注意してください．

[-k]

  1 เรียก「呼ぶ」   2 รัก「愛する」   3 ยาก「むずかしい」

  4 พริก「とうがらし」

[-t]

  5 มีด「ナイフ」   6 มด「アリ」   7 พูด「話す」

  8 คิด「考える」

[-p]

  9 ชอบ「好きだ」   10 รีบ「急ぐ」

  11 ครับ「男性の丁寧語．応答のハイ」   12 ยับ「シワになる」

【練習4】次の語を発音記号に直しましょう．

  1 ประเทศ「国」   2 ออกแบบ「デザインする」

  3 ทอดมัน「サツマアゲ」   4 กระดาษ「紙」

5 อาชีพ「職業」　6 ชีวิต「生命」　7 โอกาส「機会」

8 ชิดลม「チットロム（地名）」　9 กรุงเทพฯ「バンコク」

＊9の ฯ は，長い単語なので以下省略する，という記号です．

末子音 [-t] の表記のなかで，母音記号の付いた末子音字があらわれることがあります．梵語からの借用語が，もとの語のつづりを保持しているためにそうなるのですが，あくまでも例外的なものとして，出てきたときに確認して覚えるだけで結構です．

ชาติ [châat]「生まれ，民族」（原語 jāti）

ธาตุ [thâat]「構成要素，元素」（原語 dhātu）

外来語の翻字の関係で末子音字が2文字以上になることがあります．その場合，発音されるのは最初の1文字だけです．これも例外的なものです．

บาตร は [bàat]（原語は pātra）

จันทร์ は [can]（原語は candra）

10　短母音で終わる音節

　末子音［-k］［-t］［-p］で終わる音節は「促音節」，すなわち詰まった感じの音節であって，表わす声調も長母音や末子音［-ŋ］［-n］［-m］で終わる平音節とは異なるということは前課で学んだとおりです．

　しかし，［-k］［-t］［-p］で終わる音節だけが促音節なのではありません．短母音で終わる音節も立派な促音節ですので，促音節としての声調をとります．

	平音節	促音節	
高子音字	ˇ	ˋ	
中子音字	―	ˋ	
低子音字	―	短母音	長母音
		ˊ	ˆ

　低子音字の場合，促音節ではそこにある母音の長短によって声調が異なりますが，ここでは短母音で終わる音節を扱いますので，表わす声調はすべて4声になります．

　ただし，語中の短母音［a］に関しては，クラスにかかわらず軽く1声で発音されるのがふつうです．促音節の本質は「詰まること」ですが，語中の短母音は詰まるのが弱い傾向にあり，とくに短母音［a］はその傾向

が強いのです．また，表記上は短母音でも，実際は少し長く，詰まらない
で発音される語もあり，これも平音節扱いです．

【練習1】（高子音字）次の語を発音記号に直しましょう．

1 สุโขทัย「スコタイ」 2 สุขุมวิท「スクムウィット」

3 เหาะ「空中を舞い上がる」 4 แฉะ「べとべと，どろどろになる」

【練習2】（中子音字）次の語を発音記号に直しましょう．

1 เกาะ「島」 2 แกะ「ヒツジ」 3 ดุ「きびしい」

4 แปะ「貼りつける」 5 ติ「非難する」

【練習3】（低子音字）次の語を発音記号に直しましょう．

1 พิเศษ「特別な」 2 พระ「聖なる」 3 นะ「…ね」

4 แนะนำ「アドバイスする」 5 แพะ「ヤギ」

6 เพราะ「なぜなら」 7 ระนาด「ラナート（楽器のひとつ）」

8 มะขาม「タマリンド」

11 声調記号 (1)

タイ語の声調を表記するのに，子音字のクラス（高，中，低）と，音節の種別（平音節・促音節）が大きな役割をもっていることはすでに学びました．ここでは，声調表記におけるもうひとつの大きな要素である「声調記号」について学びます．

声調記号は次の4種があり，いずれも子音字の上，右寄りの位置に書きます．

| 第一声調記号 | 第二声調記号 | 第三声調記号 | 第四声調記号 |
| [mái-èek] | [mái-thoo] | [mái-trii] | [mái-càttawaa] |

記号の名称で，[mái] は「記号」という意味です．[èek][thoo][trii][càttawaa] は梵語からの外来語で，「一」「二」「三」「四」という意味です．

記号の形もインドの数字を起源としています．わたしたちが日常使うアラビア数字もインドからアラビアを経てヨーロッパに伝わったものですから，形がよく似ています．

なお，書くときの順番ですが，次のようになります．

子音字の左に書く母音記号 → 子音字 → 子音字の上下に書く母音記号 → **声調記号** → 子音字の右に書く母音記号 → 末子音字

63

เรื่อง「話」　　เ → ร → ◌̎ → ◌̀ → อ → ง の順で書く.

　複合子音字の場合，子音字の上下に付く記号は，2番目の字の上下に付くというルール（→42ページ）にしたがって，声調記号も2番目の字の上に書かれます.

กล้า「勇気がある」

　声調記号は4種ありますが，通常使うのは第一声調記号，第二声調記号です．第三声調記号，第四声調記号は中国語からの借用語や擬声語・擬態語を中心にした少数の語，しかも中子音字のみに使われるだけです.
　まず，第一声調記号，第二声調記号の働きをよく覚えましょう.
　第一声調記号，第二声調記号が示す声調は次のとおりです.

	第一声調記号	第二声調記号
高子音字	ˋ	˄
中子音字	ˋ	˄
低子音字	˄	ˊ

64

◇第一声調記号の例です.

ไข่　[khài]「卵」

ข [khɔ̌ɔ-khài] の音は [kh]，母音記号 ไ [mái-malaai] はいちばんポピュラーな [ai] の表記．高子音字に第一声調記号 [mái-èek] で第2声です.

แก่　[kɛ̀ɛ]「老いた」

ก [kɔɔ-kài] の音は [k]，母音記号 แ [sarà-ɛɛ] の示す音は [ɛɛ]．中子音字に第一声調記号 [mái-èek] で第2声です.

ค่า　[khâa]「価値」

ค [khɔɔ-khwaai] の音は [kh]，母音記号 า [sarà-aa] の示す音は [aa]．低子音字に第一声調記号 [mái-èek] で第3声です.

◇第二声調記号の例です.

ไข้　[khâi]「(体温の) 熱」

ข [khɔ̌ɔ-khài] の音は [kh]，母音記号 ไ [mái-malaai] の示す音は [ai]．高子音字に第二声調記号 [mái-thoo] で第3声です.

แก้　[kɛ̂ɛ]「修正する」

ก [kɔɔ-kài] の音は [k]，母音記号 แ [sarà-ɛɛ] の示す音は [ɛɛ]．中子音字に第二声調記号 [mái-thoo] で第3声です.

ค้า [kháa]「商う」

ค [khɔɔ-khwaai] の音は [kh]，母音記号า [sarà-aa] の示す音は [aa]．低子音字に第二声調記号 [mái-thoo] で第4声です．

　声調記号は特別な場合を除いては，平音節にだけ付きます．促音節に付いている場合も，平音節に付いているのと同じ声調で発音すればよいのです．

【練習1】（高子音字）次の語を発音記号に直しましょう．

［第一声調記号］

　1 ฉี่「おしっこする」　2 ใส่「入れる，かける」　3 เสื่อ「ござ」

［第二声調記号］

　4 ห้าง「店」　　　5 เสื้อ「服」　　　　6 ผ้า「布」

【練習2】（中子音字）次の語を発音記号に直しましょう．

［第一声調記号］

　1 ไก่「ニワトリ」　2 ด่า「ののしる」　3 เต่า「カメ」

［第二声調記号］

　4 ป้า「伯母さん」　5 ต้ม「煮る」　　　6 กุ้ง「エビ」

【練習3】（低子音字）次の語を発音記号に直しましょう.

［第一声調記号］

1 พ่อ「父」　　2 ไม่「…でない」　　3 คว่ำ「うつぶせる」

［第二声調記号］

4 ช้าง「象」　　5 ซื้อ「買う」　　6 ร้าน「店」

【練習4】とり混ぜた長い単語を読んでみよう.

1 ญี่ปุ่น「日本」　2 พี่น้อง「兄弟姉妹」

3 วัดพระแก้ว「エメラルド寺院」　4 ผู้เชี่ยวชาญ「専門家」

5 ที่นั่ง「座席」　6 เจ้าชู้「浮気者」

7 ต้มยำกุ้ง「トムヤムクン」　8 พร้อมพงษ์「プロムポン（地名）」

　ところで，声調記号にはひとつ困った性質があります．それは補助記号 ◌ั[mái-tài-khúu] と仲が悪いことです．声調記号が付くと，そこにあった ◌ั は消えてしまうのです．◌ั によって，長母音・短母音の区別をしていた次の4組の母音は，声調記号が付くことによって，そこにある母音が長母音なのか短母音なのか，外見からは見分けがつかなくなってしまいます．これは表記法の穴ですから，一語一語覚えるしかありませんが，数は多くありません.

□ิอย [ɔi] と □อย [ɔɔi]

ด้อย [dɔ̂i]「劣る」／ร้อย [rɔ́ɔi]「百」

เ□ิ + 末子音 [e] と เ□ + 末子音 [ee]

เก่ง [kèŋ]「賢い，できる」／เก่น [kèeŋ]「強くたたく」

แ□ิ + 末子音 [ɛ] と แ□ + 末子音 [ɛɛ]

ขอนแก่น [khɔ̌ɔn-kèn]「コーンケン」／แก้ม [kɛ̂ɛm]「ほっぺた」

□ิอ + 末子音 [ɔ] と □อ + 末子音 [ɔɔ]

ห้อง [hɔ̂ŋ]「部屋」／อ่อน [ɔ̀ɔn]「弱い」

タイ語福袋　sが4つも

　タイ語にはsをあらわす字が4文字もあって，使う場面がきまっています．同じsだからと言って，別の字を使ってしまったら，日本語で「言語」を「玄五」と書いたのにも似た，強烈な違和感です．サンスクリットにはsの音が3種類ありますから，文字にもsが3種類あるのが理由です．さらに一部の固有語をあらわすためのsの字，ソー・ソーも作ってしまったので，合わせて4種類になったわけです．実は一度，国家による文字改革政策で1種類に統一したことがあったのですが....

12 声調記号（2）──第三，第四声調記号

　第一声調記号，第二声調記号につづいて，第三声調記号 [mái-trii]，第四声調記号 [mái-càttawaa] を学びましょう．

　しかし，ごく一般的に用いられる第一，第二声調記号に比べると，第三，第四声調記号はマイナーな，言い方をかえれば重要度の低い存在です．出てきたときにそのつど確認して覚えていくようにすれば十分でしょう．

　第三，第四声調記号は中子音字にしか付きません．表わす声調は次のとおりです．

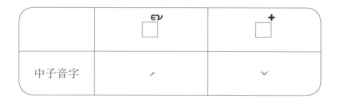

　もうひとつ．第三，第四声調記号は中子音字にしか付かないだけではありません．原則として，擬声語・擬態語と，中国語からの借用語（華僑のことば）にしか使わないのです．タイ人の耳には，第三声調記号や第四声調記号の付いた語はどこかひっかかる，外国語っぽい響きをもって感じられます．それだけに，正書法には反しますが，低子音字につけたり，促音節につけたりして，広告的効果をねらうこともあります．

69

【練習1】 第三声調記号のついた語を読んでみよう.

1 โต๊ะ「机」　　　2 เจ๊「華僑の姉さん」　　3 เจ๊ง「倒産する」

4 เก๊「まがいもの」　5 อี๊「華僑の叔母さん」　6 โป๊ยเซียน「八仙」
　　＊6の「八仙」は，中国の民間信仰における8人の仙人のこと.

【練習2】 第四声調記号のついた語を読んでみよう.

1 ตั๋ว「切符」　　2 ปุ๋ย「肥料」　　3 แต๋จิ๋ว「潮州[タイ華僑の故地]」

4 เก๋「派手な」　5 กระเป๋า「カバン」

6 แจ๋ว「目などがぱっちり澄んだ」

7 ก๋วยเตี๋ยว「クイティアオ[タイうどん]」　　8 ลูกเต๋า「サイコロ」

9 จิ๋กโก๋「イカれた奴，フーテン」

◇コラム　子音字や母音記号の名称について

　タイ語の単語は同じ発音でもいろいろに表記できますから，名前や地名，新しい単語などは，ちゃんとつづりを確認しておくことが大切です. つづりを言う（สะกด [sakòt]）ときに必要なのは，ひとつひとつの記号や字の名称です. この本では，タイ人なら誰でもわかる一般的な名称をあげてきましたが，次のようにもっと美しい，雅語的な「正式名称」をもつ記号もあります.

[sarà-a]　　　□ꞏ　　　正式名称：[wísǎnchanii]「停止」
　　　　　　　　　　　　　＊インド文字visargaに対応します．

[sarà-aa]　　　□ﺍ　　　正式名称：[lâak khâaŋ]「横引き」

[sarà-ee]　　　ﻟ□　　　正式名称：[mái nâa]「前記号」

[sarà-u]　　　□　　　　正式名称：[tiin yìat]「伸び足」
　　　　　　　　ꞏ

[sarà-uu]　　　□　　　　正式名称：[tiin khúu]「曲がり足」
　　　　　　　　ꞏꞏ

また，本来子音字である อ，ย，ว の3文字が，母音記号やその一部として働くことはすでに見たとおりです．一般的には子音字として働いているときと同じように，[ɔɔ-àaŋ] [yɔɔ-yák] [wɔɔ-wɛ̌ɛn] と呼べばいいのですが，次のように呼ぶ人もいます．

　　อ [tua-ɔɔ]　　　ย [tua-yɔɔ]　　　ว [tua-wɔɔ]

なお，母音記号 ﻟ [sarà-oo] を [mái-oo] と呼ぶ人もいます．

71

13　ホーナムとオーナム

　タイ語で「犬」のことは［mǎa］といいます．これをタイ文字で書くと
どうなるのでしょうか．

　［m］を表わす文字は唯一，低子音字の ม［mɔɔ-máa］だけです．長母音
［aa］は า です．低子音字には第一声調記号と第二声調記号しか付きませ
んから，考えられる表記は次の3種類だけです．

　มา　　［maa］　　　「来る」という意味です．

　ม่า　　［mâa］　　　＊華僑のことばで「お母さん」（媽）という意味です．

　ม้า　　［máa］　　　「馬」という意味です．

　ม は低子音字なので，第三，第四声調記号は付きませんから，どうやっ
ても5声である［mǎa］を表わすことができません．つまり，**低子音字は，
2声と5声を表記できない**のです．しかし，低子音字のなかのあるものは，
同じ音をもつ高子音字をもちますので，そちらの字を使えば，2声・5声
の音節を表記することができます．例えば，［khǎa］という音節は，低子
音字 ค［kh］を使っては表記できませんが，同音の高子音字 ข［kh］を使
えば，

　ขา　［khǎa］「脚」

72

と表記できますし，[khàa] と 2 声を表わしたければ，

ข่า [khàa]「しょうが」

と書けばよいのです．問題は，ม のように同じ音の高子音字をもたない低子音字の場合です．このような低子音字は，全部で 10 文字あります．

ง [ŋ]　　ณ [n]　　ญ [y]　　น [n]　　ม [m]

ย [y]　　ร [r]　　ล [l]　　ว [w]　　ฬ [l]

　これらの字を使って，2 声や 5 声を表わすには，どうしたらいいか．解決策として，**高子音字 ห を前に付ける**ことによって，**高子音字として扱う**ことにします．その場合，前に付けた ห は，[h] の音を出すことなく，無音となり，後ろの低子音字と 2 文字で複合子音字として扱われます．このような ห の使い方を，[hɔ̌ɔ-nam]（ホーナム）と呼びます．[nam] とは「導く」という意味で，直訳すれば「導きの h」という意味です．

　ホーナムが付いて高子音字扱いになる子音字は次の 8 文字です（残りの 2 文字 ณ と ฬ は，実際にそれを使った単語がありません）．

หง　　　หม　　　หน　　　หร

หล　　　หญ　　　หย　　　หว

この8種類の字に，母音記号やその他の記号が付く場合，これらは複合子音字として扱われますから，次のルールにしたがいます（→41ページ）.

(1) 2文字はひとつの字として扱われます.

(2) 子音字の左側に書かれる記号は2文字の左に書かれます.

(3) 子音字の右側に書かれる記号は2文字の右に書かれます.

(4) 子音字の上下に書かれる記号は右側の字の上下に書かれます.

この課の最初にみた「犬」[mǎa] は次のように表わされます.

หมา [mǎa]「犬」

なお，複合子音のところでも出てきた問題ですが，次の5種の母音記号が付いた場合，下線のように2つの音節に読めてしまいます.

[əə]	เ□อ	→	<u>เ□□อ</u>
[ao]	เ□า	→	<u>เ□□า</u>
[e]	เ□ะ	→	<u>เ□□ะ</u>
[ɛ]	แ□ะ	→	<u>แ□□ะ</u>
[o]	โ□ะ	→	<u>โ□□ะ</u>

これは，タイ語表記法の欠陥のひとつですが，実際にはこのように間違って2音節に読んでしまうタイ人はいません.

それは，前のページに挙げた8種類のホーナムが付いた子音字を見ると

すぐに，それを「高子音化した低子音字」として認知するクセがついているからです．つまり，強く習慣づけられているからにほかなりません．わたしたち学習者も，最初はどう読むのか迷うところがあるものですが，勉強をしていくと，慣れて，正しく読めるようになってきます．

【練習1】次の語を読んでみよう．

1 หมี「クマ」　　　　2 หมู「ブタ」　　　　3 หนู「ねずみ」

4 เหนือ「上の，北の」　5 หมอ「お医者さん」　6 ไหน「どの」

7 หนี「逃げる」　　　8 หวี「クシ」

【練習2】声調記号のついた語を読んでみよう．

1 ไหว้「ワイ」　2 หล่อ「鋳造する，ハンサムな」　3 เหล้า「酒」

4 หนี้「負債」　5 หน้า「ページ，顔」　　　　　6 หมี่「麺」

7 หนึ่ง「一」

【練習3】末子音のついた語を読んでみよう．

1 แหวน「指輪」　2 หมด「尽きる」　3 เหมือน「同じ」

4 หนัก「重い」　5 เหลือง「黄色の」

6 หยาบ「粗い，ガラの悪い」

75

【練習4】 ちょっと長い語を読んでみよう.

1　ข้าวเหนียว「モチ米」　　2　เกาหลี「韓国」

3　เชียงใหม่「チエンマイ」　4　หนองคาย「ノンカーイ」

5　สุเหร่า「モスク」　　　　6　จดหมาย「手紙」

7　หาดใหญ่「ハートヤイ」　8　ผงกะหรี่「カレー粉」

ห を前に付けることで,高子音字化する語以外に,อ を付けることで中子音字化する語も4語あり,〔ɔɔ-nam〕(オーナム)と呼ばれます.次の4語です.これは覚えるほかありません.

อย่า　　　〔yàa〕　　「...するな」

อยู่　　　〔yùu〕　　「...にある／いる」

อย่าง　　〔yàaŋ〕　　「...のように」

อยาก　　〔yàak〕　　「...したい」

14 独立子音字

　子音字のまわりに母音記号を付けて音節を表わすのが，タイ文字の基本
であることはこれまで学んできたとおりです．

　では，子音字のまわりに母音記号がない場合，どう読めばいいのでしょ
うか.

ท<u>ห</u>าร

　下線を引いた ห［cɔɔ-thahǎan］の［th］には，母音記号が付いておらず，
末子音にもつながっていません（末子音がつづいているのなら，［o］がつ
きます［→53ページ］）．このように，母音記号をともなわず，末子音にも
つながっていない子音字を「独立子音字」と呼びます．これらの文字の読
み方は以下のとおりです．

・母音［a］が付きます．
・軽く1声で発音されます．

はじめの例で確かめてみましょう．

 ［thahǎan］「兵隊」
[tha]［hǎan］

77

結果的には母音記号 ะ [sarà-a] が付いているのと同じ扱いになります. 独立子音字として表わす語には, 梵語からの外来語が多いのですが, 最終的には慣習によって決まっているものです.

　語中の短母音 [a] は母音記号 ะ [sarà-a] を付けて表記する場合と, 無記号で [a] を付けて読ませる場合とがあります. 発音は同じです. どちらの表記をとるかは語の来歴や慣習で決まってきます.

　なお, 独立子音字は語末にはたちません. つまり, 語末の子音を独立子音字として母音 [a] を付けて発音することはできません. 前の例でいえば語末の ร を独立子音字として [ra] と読むことはないのです.

【練習】 次の語を発音記号に直しましょう.

1 อดีต「過去」　　　　　2 คณะ「グループ, 学部」

3 ธนาคาร「銀行」　　　4 พญาไท「パヤータイ」

5 นรก「地獄」　　　　　6 ปทุมวัน「パトムワン」

7 ไปรษณีย์「郵便」　　　8 กาญจนบุรี「カンチャナブリー」

9 เยาวราช「ヤオワラート」　10 อโศก「アソーク」

　独立子音字と次の子音字は, 複合子音字と同じように扱われることがあります.

แสดง　[sadɛɛŋ]

78

独立子音字 ṣ と子音字 ḍ です．複合子音と同様に，まるで一文字のように扱われ，母音記号 ɯ がこの2文字の左側に書かれています．複合子音字のルールと同じです．これは多くはカンボジア語起源の語ですが，カンボジア語の複合子音がタイ語に借用される際，「独立子音字＋子音字」という2音節になってしまうためです．タイ語では2音節になっても，つづりは本来の複合子音のままになっているのです．この例の場合，カンボジア語の複合子音［sd］はタイ語に入ると［sad］と発音されますが，つづりは［sd］という複合子音のままになっているわけです（→83ページも参照）．

タイ語福袋　母音 ai のこと

　複合母音の ai には3種類の書き方があって，ひとつはサンスクリットからの外来語専用で，あとのふたつはマイ・マラーイとマイ・ムワンというよく似た記号で，基本的に純タイ語に使うということをお話ししたかと思います．しかし，同じ音をあらわすならどうしてふたつも必要なんだと疑問に思われるかもしれません．これはもともとは違う音をあらわしていました．マイ・マラーイは ai，マイ・ムワンは ae という音．たとえば cai「心」という基本的な単語があります．これはマイ・ムワンを使って書きますから，もともとは cae チャエというような音だったと考えられます．以前，雲南省の端っこに住んでいる徳宏タイ族の言葉を調べに行ったら，心のことをチャエと発音していました．何だか感動してしまいました．

---

15 末子音字の再読

　2音節以上からなる単語を読む際に，前の音節の末子音字を改めて一字の独立子音字として読んだあと，次の音節を読む場合があります．これを「末子音字の再読」と呼びます．次の例を見てください．

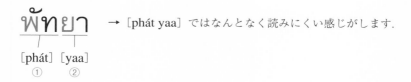

→ ［phát yaa］ではなんとなく読みにくい感じがします．

　音節①の末子音字 ท を，改めて独立子音字として読むと，母音［a］が付いて，声調は軽く1声で発音されますから（→77ページ），［tha］となります．その後，音節②を読みます．

พัทยา ［phát・tha・yaa］「パッタヤー」（タイ東部の海浜リゾート）

　読みやすい感じです．
　末子音字再読がおきるのは，ほとんど梵語からの外来語ですが，厳密なルールがあるわけではありません．しかし，慣習的に必ず再読する音節もあり，学習していくうちにだんだんとつかめてくるかと思います．

【練習】次の語を発音記号に直しましょう.

1　รัฐบาล「政府」

2　รัฐมนตรี「大臣」

3　ราชการ「公務」

4　ราชธานี「首都」

5　พัฒนา「進歩する」

6　สุขภาพ「健康」

7　วิทยาลัย「専門学校」

8　กิจการ「ビジネス」

9　อยุธยา「アユタヤ」

10　เอกมัย「エーカマイ」

＊1から4に出てくるรัฐ [rát-tha]「政府の」, ราช [râat-cha]「王の」などは, 再読する音節として最もポピュラーなもので, 必ず末子音字再読をともなって発音されます.

　ある語が, 末子音字再読をするかどうか迷ったら, 大きなタイ語辞書（『学士院版タイ語辞典』など）を引いて確認してみましょう. 例えば, 前のページの例に挙げたพัทยาならば, [พัด-ทะ-ยา] と3音節の発音を示してあります.

　再読してもしなくてもいいボーダーライン上の単語もあり, したらいけない単語もあります. あまり神経質にならず, 少しずつ学んでいきましょう. なお, 母音記号をともなう末子音字の場合, 再読するときも母音記号を付けて再読することになります.

ประวัติ [prawàt]「歴史」 ＋ ศาสตร์ [sàat]「学問」

→ประวัติศาสตร์ [prawàt-tì-sàat]「歴史学」

　＊wátではなく, wàtと読むのは例外です.

81

16 声調の移動

　低子音字は，その前に「高子音・中子音の独立子音字」があると，それに影響されて，高子音・中子音扱いとなります．この現象を「声調の移動」と呼びます．

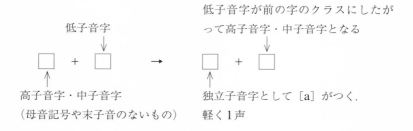

低子音字

高子音字・中子音字
（母音記号や末子音のないもの）

低子音字が前の字のクラスにしたがって高子音字・中子音字となる

独立子音字として［a］がつく．
軽く1声

　例を挙げましょう．

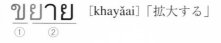 ［khayǎai］「拡大する」
①　②

　①は高子音字［khɔ̌ɔ-khài］で，音は［kh］．母音記号も末子音もないので，独立子音字です．［a］が付いて1声となります（［kha］）．

　②は低子音字［yɔɔ-yák］で，音は［y］．母音記号は ไย で［aai］．そのままなら［yaai］ですが，前の ข の影響をうけて，高子音字として働きますから，高子音の平音節で，5声となります（［yǎai］）．

82

ตลาด [talàat]「市場」
① ②

①は中子音字［tɔɔ-tào］で，音は［t］．母音記号も末子音もないので，独立子音字です．［a］が付いて1声となります（［ta]）．

②は低子音字［lɔɔ-liŋ］で，音は［l］．母音記号はาで［aa］．末子音ด の発音は［t］．そのままなら［lâat］ですが，前の字の影響で中子音字扱いとなり，中子音の促音節で2声となります（［làat]）．

【練習】 次の語を発音記号に直しましょう．

1　สยาม「サヤーム」　　2　ฉลาด「賢い」　　3　สนุก「楽しい」

4　ขนม「お菓子」　　5　อร่อย「おいしい」　　6　สนาม「広場」

7　ถนน「道」　 8　เสม็ด「サメット島」　 9　สำนักงาน「事務所」

10　สำรวจ「調査する」

このような現象の多くは，外来語（とくにカンボジア語）の複合子音がタイ語に借用される際，本来1音節であった語が，2音節になって受容された経緯によっています．カンボジア語には，多彩な複合子音があり，[chb] とか [kb] とか [sy] とか，タイ人には発音できないものを含んでいます．これらは，タイ語に入ると，それぞれ [chab][kab][say] というように [a] を入れて発音されてしまいますが，表記上は複合子音字として書かれます．そこに付く母音記号も複合子音字に付くときと同じルールで書かれます．最初はとまどいますが，あまり神経質にならないで，出てきたときに確認

しながら覚えるようにしてください．上記の事情から，このような2文字を「疑似二重子音」と読んでいる辞書，教科書もあります．なお，カンボジア語起源の語に用いられる sarà-am も独立子音字扱いになります．

ตำรวจ [tamrùat]「警察」

　第2音節の ร は本来，低子音字ですが，第1音節の ตำ（[sará-am] がついていますが独立子音字扱いとなります）の影響で中子音字化して，[rùat] となります．

　カンボジア語の複合子音とはまったく関係なく，例えば末子音字再読にともなっておきる場合もあります．

ปรารถนา [pràatthanǎa]「切望する」

①　②　③

＊この語の ร は例外的に発音しません．

　①は [pràat]，②は末子音 ถ を独立子音字として再読して [tha]，③は前に高子音の独立子音字 ถ があるために，低子音字 น が高子音字化して，[nǎa] となります．

　高子音の独立子音字があっても，うしろの低子音字に影響しない語もあります．

สภา [saphaa]「議会，会堂」

　これは，梵語からの借用語で，原語は sabhā で，もともと2音節の単語です．もともと複合子音の1音節だったものが，借用にともなって2音節に読まれたものとはちがって，第2音節の影響を受けることはありません．

17 いろいろな記号

　これまでに学んできた子音字，母音記号，声調記号以外にも，いくつか
の記号が補助的に使われており，また今まで学んだ字や記号でも特別な使
われ方をする場合があります．この課では最後に，そういった記号や使い
方を総合的にまとめて学びます．

◇**子音字をめぐって**
　次の組み合わせは特別な読み方になります．いずれも表記上は複合子音
のルールにしたがいます．

　　ศร = ศ [s] 　梵語からの借用語に用います．
　　　　　　　　　ศรี [sǐi]「聖なる」

　　สร = ส [s] 　カンボジア語からの借用語に用います．
　　　　　　　　　สร้าง [sâaŋ]「建てる」

　　ทร = ซ [s] 　カンボジア語からの借用語に用います．
　　　　　　　　　ทราย [saai]「砂」

　　จร = จ [c] 　一語のみです．
　　　　　　　　　จริง [ciŋ]「実に，本当に」．

85

次の字は特別な読みです．ほとんど使われません.

ฤ　　　[ri] または [rɯ] と読みます．この字の名称は [rɔɔ-rɯ].

ฤๅ　　[rɯɯ] と読みます．この字の名称は [rɔɔ-rɯɯ].

次の語は特別な読みです．頻出語ですから，ぜひ覚えてください.

ก็　　　[kɔ̂ɔ]「…もまた，…すると〜」

次の語も特別な読みですが，非常に稀です.

บ่　　　[bɔ̀ɔ]「…ない」

独立子音字としての ฃ は [ba] ではなく特別な発音 [bɔɔ] となります.

บริษัท　　[bɔɔrisàt]「会社」

独立子音字のあとの ร は [ɔɔra] と読むことがあります.

จระเข้　　[cɔɔrakhêe]「ワニ」

มรดก　　[mɔɔradòk]「遺産」

末子音字としての ร は特別な発音となります.

子音字＋ร [ɔɔn]

子音字が母音記号をともなわず，末子音字 ร につながる場合，[ɔɔn] と読みます．母音に注意してください．[o] ではありません.

นคร　　　[nakhɔɔn]「町」

◇母音記号をめぐって

子音字 ร [rɔɔ-rɯa] を 2 文字並べて書くと，ひとつの特別な母音記号として働きます． รร の名称は [rɔɔ-hǎn] です．

子音字＋**รร**	末子音がない場合，**รร** の読みは[an]です． ครรภ์ [khan]「胎」
子音字＋**รร**＋末子音字	末子音がある場合，**รร** の読みは[a]です． ธรรม [tham]「法」

◇その他の記号

ฯ	[pai yaaŋ nɔ́ɔi]	以下省略を示す記号です．
ฯลฯ	[pai yaaŋ yài]	「などなど」を示す記号です． 読みは [lɛ́ ɯ̀ɯn ɯ̀ɯn] または [pen tôn]．
ๆ	[mái-yamók]	くり返し記号です．直前の語をくり返します．
์	[kaaraŋ]	黙字記号です．この記号がついた字は発音しません．
.	[cùt]	省略語であることを示す記号です． 省略語を読むときは元の省略していない語で読みます． น.ส.พ. [nǎŋ sɯ̌ɯ phim]「新聞」

87

◇数字は次のとおりです.

๑	๒	๓	๔	๕	๖	๗	๘	๙	๐
1	2	3	4	5	6	7	8	9	0
nùŋ	sɔ̌ɔŋ	sǎam	sìi	hâa	hòk	cèt	pɛ̀ɛt	kâao	sǔun

◇単位を示す語と主な省略語.

บ. ：บาท ［bàat］「タイの通貨バート，金などの重さの単位」

กก. ：กิโลกรัม ［kìloo-kram］「重さの単位キログラム」

กม. ：กิโลเมตร ［kìloo-méet］「距離の単位キロメートル」

ช.ม. ：ชั่วโมง ［chûa-mooŋ］「時間」

กทม. ：กรุงเทพมหานคร

［kruŋthêep mahǎa-nakhɔɔn］「バンコク」

ตร. ：ตำรวจ ［tamrùat］「警察」

88

第3部
読み方問題集

1 単語を読む

　これまでの学習で，タイ語の表記について，一応のルールはおわかりに
なったかと思います．最初は一音節を解読するのにも長い時間がかかって，
こんな文字がスラスラ読める日は永遠に来ないんじゃないかと絶望的な気
分になった方がほとんどなのではないでしょうか．でも安心してください．
みんな，そう思ってきたのです．ま，あきらめずに少しずつ練習をしてい
くと，じきに読めるようになります．まずは，2音節，3音節，4音節く
らいの，読んで楽しい単語から練習してみましょうよ．

(1) 料理の名前

1 **ข้าวมันไก่**

ข้าว 「飯」, มัน 「油っこい」, ไก่ 「鶏」

鶏の煮汁で炊いた油っこいご飯の上に鶏肉をのせたもの．

2 **ต้มยำกุ้ง**

ต้มยำ 「酸っぱいスープ」, กุ้ง 「エビ」

エビの酸っぱいスープ．

3 **ก๋วยเตี๋ยว**

漢字では「粿條」．華僑の食べ物でしたが，今やタイの国民食．

90

4 ลูกชิ้นปลา

ลูก「丸」, ชิ้น「肉」, ปลา「魚」

魚のすり身の団子. 潮州起源です.

5 ข้าวหมูแดง

ข้าว「飯」, หมู「ブタ」, แดง「赤い」

赤い焼ブタをご飯にのせて, 甘いタレをかけたもの.

6 ข้าวเหนียว

ข้าว「飯」, เหนียว「べとべとした」

もち米のこと.

7 หมูปิ้ง

หมู「ブタ」, ปิ้ง「焼く」

ブタの串焼き.

8 ข้าวราดหน้าไก่

ข้าว「飯」, ราด「かける」, หน้า「表面」, ไก่「鶏」

鶏のあんかけをご飯の上にかけたもの.

(2) 人の名前

1 ชาติชาย เชี่ยวน้อย

（大場政夫と名試合をしました. フライ級の名ボクサーでした）

2 **พระยาอนุมานราชธน**
(タイの柳田国男. 民俗学の父)

3 **ปรีดี พนมยงค์**
(タンマサート大学を創立した政治家)

4 **จิต ภูมิศักดิ์**
(イデオロギー対立の時代に命を落とした天才史家, 詩人)

5 **ภูมิพลอดุลยเดช**
(先代国王陛下・国民の敬愛の的. 愛犬のトーンデーンも人気もの)

(3) バンコクの地名

1 **กรุงเทพฯ**「バンコク」　　2 **สนามหลวง**「王宮前広場」

3 **สะพานพระปิ่นเกล้า**「ピンクラオ橋」

4 **เยาวราช**「ヤオワラート」　　5 **นางเลิ้ง**「ナーンルーン」

6 **บางลำพู**「バーンラムプー」　　7 **ภูเขาทอง**「金の山」

8 **เอกมัย**「エーカマイ」　　9 **สะพานพุทธ**「ラーマ1世橋」

10 **เจริญกรุง**「ニューロード」

(4) 機関などの名称

1 **กระทรวงมหาดไทย**「内務省」

2 พระบาทสมเด็จพระเจ้าอยู่หัว「国王陛下」

3 วัดพระศรีรัตนศาสดาราม「エメラルド寺院（正式名称）」

4 โรงเรียนสวนกุหลาบ「スワンクラープ校」

5 สหประชาชาติ「国連」

(5) 概念語

1 ความจำ「記憶」　　2 โลกาภิวัตน์「国際化」

3 ประสบการณ์「経験」　　4 ประเพณี「慣習」

5 ชุมชน「コミュニティ」

(6) 外国語の表記

1 การ์ตูน（cartoon「漫画」）

2 ฟรี（free「無料の」）

3 มิเตอร์（meter「メーター」）

4 คอนเสิร์ต（concert「コンサート」）

5 เปียโน（piano「ピアノ」）

6 เยซู（Jesus「イエス」）

93

2 小さなかたまりを読む

　さて，実際の文の中では単語は単語だけで働くことは少なく，たいてい
は他の語と結びついて小さなかたまりになって働いています．ここでは，
そのかたまりを，かたまりのまま，ひとつのものとして読みとる練習をし
ます．

(1) 動詞句（動詞とその目的語）

　1　ทำอาหาร「食事を作る」

　2　ซื้อที่ดิน「土地を買う」

　3　คิดถึงแม่「母を慕う」

　4　ซ่อมนาฬิกา「時計を修理する」

　5　ถือแก้ว「グラスをもつ」

(2) 動詞と助動詞，可能の表現

　1　อย่าใส่นม「ミルクを入れないで」

　2　เคยมีรถยนต์「車をもっていたことがある」

94

3 ถ่ายรูปได้ 「写真をとってもよい」

4 ควรไปเอง 「自分で行くべきです」

5 อยากเล่นน้ำ 「水遊びしたい」

(3) 動詞句を目的語にとる動詞，使役，被害

1 ชอบเลี้ยงสัตว์ 「動物を飼うのが好きです」

2 ไม่อยากให้ไป 「行かせたくない」

3 ถูกเพื่อนแกล้ง 「友だちにいじめられる」

4 สอนทอผ้า 「はた織りを教える」

5 ถูกขโมยตังค์ 「カネを盗まれる」

(4) 前置句

1 ที่เมืองไทย 「タイ国で」

2 บนเก้าอี้ 「イスの上で」

3 ตั้งแต่เช้า 「朝から」

4 ในตลาด 「市場の中で」

5 ข้างตู้โทรศัพท์ 「電話ボックスの横で」

(5) 類別詞と名詞

1 **หมาสองตัว**「犬2頭」

2 **รถเมล์คันนี้**「このバス」

3 **บ้านหลังนั้น**「あの家」

4 **ยางลบสิบก้อน**「消しゴム10コ」

5 **น้ำห้าลิตร**「水5リットル」

6 **สมุดเล่มไหน**「どのノート」

7 **ร่มคันนี้**「この傘」

8 **เอียงสิบองศา**「10度傾いている」

タイ語福袋　呪文のことば

　日本のお寺に行くと墓地に卒塔婆が立っていて，よくわからないお
どろおどろしい文字が連ねてあります．あれは悉曇と言って中央アジ
アのインド系文字です．何やら気味が悪く見えるのはいつもお墓とセ
ットになっているからで，実はローマ字にもなおせる普通の文字です．
タイでも呪文とか不思議な力に関係した文句はタイ文字で書いては気
分が出ません．普通に読めてしまっては，ありがたみというか霊力が
感じられないのです．そこで登場するのはカンボジアのクメール文字
です．お守りやお札に書く呪文もクメール文字で書くと，わからない
だけに霊験あらたかな気持ちがします．

3 短い文や看板を読んでみる

単語が結びついた小さなかたまりが少しずつ読めるようになってきたら，いよいよ実際の文や看板にあたってみましょう．

(1) ことわざを読んでみる

1 ฝนทั่งให้เป็นเข็ม
金床を磨いて針とする（大変な努力）

2 หนีเสือปะจระเข้
虎から逃げてワニに会う（一難去ってまた一難）

3 ปิ้งปลาประชดแมว
魚を焼いてネコをあてこする（逆効果のたとえ）

4 วัวหายล้อมคอก
牛がいなくなってから囲いをめぐらす（手遅れ）

5 กิ้งก่าได้ทอง
キノボリトカゲが金を得た（成金になって舞い上がること）

(2) いろいろな看板を読んでみよう

1

เกี๊ยว [kíao] は「ワンタン」のこと. 漢字で書けば「餃」.
では, ワンタン入りの何と書いてあるでしょうか.

2

วัด [wát] は「寺院」.
何という寺院でしょうか. 独立子音字の **บ** や末子音字の **ร** など,
ちょっと難しいですよ.

98

3

左側の **แท็กซี่** [thɛ́k-sîi] は「タクシー」.
では，右側には何と書いてあるでしょうか.

4

ร.พ. は **โรงพยาบาล** [rooŋ-phayaabaan]. 「病院」の省略語.
何という病院でしょうか.

補遺
タイ語の口^{くち}

　　タイ語のリズムと音への感覚を養うために，調子のい
い言葉や言い回し，格言などをざっくりと集めてみまし
た．知識を増すためではなく，あくまで口の練習として
集めたものですから，体系的に配列したものではありま
せん．ここでは，意味へのこだわりを少し脇に置いてお
いて，ぜひ実際に声を出して発音してみていただきたい
と思います．どんな音のつながりやリズムがタイ語の文
章の中で大切なのか，次第に感じられてくるかと思いま
す．外国語の学習は意味を追いかけて，文の意味を正確
につかむことが第一と思われがちです．たしかにそれは
第一歩ではありますが，そのままだと，ことばのおもし
ろさをつかめないで終わることになりかねません．もっ
たいない！　タイ語のリズムをおなかに入れて，耳から
入る音，口から出てくる音を喜ぶような学びにしたいも
のです．

1　基本的な動詞を使った動詞句

　タイ語では動詞とその目的語の結びつきが非常に強く，まるで1語になっているように感じられます．これを動詞句といい，述部の核となって働きます．発音する場合は，動詞句はひとまとめに発音して，動詞とその目的語との間を区切らないことが大切です．

　ここでは日常生活の中でよく使う動詞を使った動詞句をあげてみました．よく使うとは言え，ここでは動詞や単語を学ぶというのではなく，あくまで口の練習ですので，一応辞書順にはなっていますが特に系統立てて集めてあるわけではありません．2音節から5音節くらいの動詞句をひとまとめにして発音できるように口の練習をしてみてください．また，動詞には目的語をとらないものもありますが，ここではよく使う続きことばとしてあげています．参考にしていただければと思います．

　発音記号は発音をわかりやすくするためのものですので，明らかに多音節の単語でない限り，基本的にわかち書きにしました．タイ文字では全部ズラズラと書きつらねます．

กดปุ่ม　　　　　　kòt pùm
　　　　　　　　　　「ボタンを押す」

กลับบ้านเกิด　　klàp bâan kɤ̀ɤt
　　　　　　　　　　「生まれ故郷に帰る（亡くなる）」

กอดตุ๊กตา　　　kɔ̀ɔt túkkataa
　　　　　　　　　　「人形を抱きしめる」

กัดฟัน

kàt fan

「歯を食いしばって（忍ぶ）」

กินข้าวต้ม

kin khâao tôm

「お粥を食べる」

＊目的語はとりません．動詞の後ろにあるのが意味上の主語です．

เก็บค่าประตู

kèp khâa pratuu

「入場料を徴収する」

เกิดอุบัติเหตุ

kəət ùbàttihèet

「事故が起きる」

โกรธแม่ผัว

kròot mɛ̂ɛ phǔa

「姑に怒る」

ขอเบอร์โทรศัพท์

khɔ̌ɔ bəə thoorasàp

「電話番号を聞く」

ขับรถทัวร์

khàp rót thua

「長距離エアコンバスを運転する」

ขายผลไม้

khǎai phǒnlamáai

「果物を売る」

ขึ้นบรรได

khûn bandai

「階段を上る」

เขย่ากิ่งไม้

khayào kìŋ máai

「木の枝をゆする」

เข้าใจความหมาย

khâocai khwaam mǎai

「意味を理解する」

เขียนบทความ

khǐan bòtkhwaam

「論文・評論を書く」

คอยรถไฟ khɔɔi rót fai
「鉄道を待つ」

คิดดอกเบี้ย khít dɔ̀ɔk bia
「利子を計算する」

คืนหนังสือ khɯɯn nǎŋsɯ̌ɯ
「本を返却する」

จบการศึกษา còp kaan sùksǎa
「教育を終える」

จอดเรือ cɔ̀ɔt rɯa
「船を停める」

จ่ายค่าเช่าบ้าน càai khâa châo bâan
「家賃を払う」

จำพรรษา cam phansǎa
「夏安居を行う」

ชวนเพื่อนเมีย chuan phɯ̂an mia
「妻の友達を誘う」

ชอบอาหารแขก chɔ̂ɔp aahǎan khɛ̀ɛk
「インド料理を好む」

ชี้ทางออก chíi thaaŋ ɔ̀ɔk
「出口を指し示す」

เช่ารถตู้ châo rót tûu
「ヴァンを借りる」

เช็ดกระดานดำ chét kradaan dam
「黒板を拭く」

เชื่อพระเจ้า chɯ̂a phrá câo
「神を信じる」

104

ใช้ปากกา
chái paak kaa
「ペンを使う」

ซื้อเสื้อผ้า
súɯ sûa phâa
「衣服を買う」

ด่าผู้ใหญ่
dàa phûuyài
「目上の人をののしる」

ดื่มน้ำร้อน
dɯɯm nám rɔ́ɔn
「お湯を飲む」

ดูโทรทัศน์
duu thoorathát
「テレビを見る」

ดูแลลูกหลาน
duulɛɛ lûuk lăan
「子孫の面倒を見る」

เดินขบวน
dəən khabuan
「デモをする」

ได้ยินเสียงนก
dâiyin sĭaŋ nók
「鳥の声が聞こえる」

ตกนรก
tòk naròk
「地獄に落ちる」

ตัดถนน
tàt thanŏn
「道路を敷設する」

ตายคาที่
taai khaa thîi
「即死する」

ติดประกาศ
tìt prakàat
「張り紙をする」

ตีระฆัง
tii rakhaŋ
「鐘をたたく」

ตีราคา	tii raakhaa
	「値段をつける」
ตื่นแต่ไก่โห่	tùɯɯn tɛ̀ɛ kài hòo
	「鶏鳴とともに起きる」
แต่งโคลงกลอน	tɛ̀ŋ khlooŋ klɔɔn
	「詩文を作る」
ถือกรรมสิทธ์	thɯ̌ɯ kammasìt
	「所有権を保持する」
ทำอาหารฝรั่ง	tham aahǎan faràŋ
	「洋食を作る」
เที่ยวงานวัด	thîao ŋaan wát
	「寺祭りに遊びに行く」
นอนตะแคง	nɔɔn takɛɛŋ
	「片方を下にして横に寝る」
นั่งเครื่องบิน	nâŋ khrɯ̂aŋ bin
	「飛行機に乗る」
นับไม่ถ้วน	náp mâi thûan
	「数えても数えきれない」
นำเที่ยวกรุงเทพฯ	nam thîao kruŋthêep
	「バンコクを観光案内する」
บวชสามเณร	bùat sǎamaneen
	「少年僧として出家する」
บอกข่าว	bɔ̀ɔk khàao
	「ニュースを告げる」
แบกกระสอบข้าวสาร	bɛ̀ɛk krasɔ̀ɔp khâao sǎan
	「米袋を担ぐ」

ปิดรับสมัคร	pìt ráp samàk
	「求人申し込みを締め切る」
เป็นนายพล	pen naai phon
	「将軍になる」
เปิดประเทศ	pə̀ət prathêet
	「開国する」
ไปต่างจังหวัด	pai tàaŋ caŋwàt
	「地方に行く」
พักร้อน	phák rɔ́ɔn
	「暑期休暇を取る」
ฟังดลตรี	faŋ dontrii
	「音楽を聴く」
พาเพื่อนมา	phaa phûan maa
	「友達を連れてくる」
พูดความจริง	phûut khwaam ciŋ
	「真実を話す」
มาดีไปดี	maa dii pai dii
	「往来無事である」
มีประโยชน์	mii prayòot
	「有益である」
ยกตัวอย่าง	yók tuayàaŋ
	「例をあげる」
ยอมความ	yɔɔm khwaam
	「和議する（法律で）」
ย่างปลาหมึก	yâaŋ plaa mùk
	「イカを焼く」

ย้ายโรงเรียน	yáai rooŋ rian 「転校する」
ยืนนาน	yɯɯn naan 「長持ちする」
ยืมรถคุณพ่อ	yɯɯm rót khun phɔ̂ɔ 「父の車を借りる」
โยงรองเท้า	yooŋ rɔɔŋ tháao 「靴を放り投げる」
ร้องเพลงชาติ	rɔ́ɔŋ phleeŋ châat 「国歌を歌う」
รักแมวสามสี	rák mɛɛo sǎam sǐi 「三毛猫を愛する」
รักษามะเร็ง	ráksǎa mareŋ 「がんを治療する」
รีบเร่ง	rîip rêŋ 「急ぐ」
รู้หนังสือ	rúu nǎŋsɯ̌ɯ 「文字が読める」
เริ่มชีวิตใหม่	rə̂əm chiiwít mài 「人生を新しくやりなおす」
เรียกค่าเลี้ยงดู	rîak khâa líaŋ duu 「養育費を要求する」
เรียนยูโด	rian yuudoo 「柔道を学ぶ」
ลงทะเบียน	loŋ thabian 「登録する」

ลางาน	laa ŋaan
	「お休みをもらう」
ลากเข้าวัด	lâak khâo wát
	「何でもサンスクリットに結び付けた綴りにする」
ล้างสมอง	láaŋ samɔ̌ɔŋ
	「洗脳する」
ลาดหน้า	lâat nâa
	「表面にかける」
เลี้ยงแขก	líaŋ khɛ̀ɛk
	「お客にごちそうをする」
ลืมตัว	lɯɯm tua
	「身の程を忘れる」
เล่านิทานเด็ก	lâo níthaan dèk
	「童話をかたる」
เล่นกล้าม	lên klâam
	「ボディビルをする」
เลี้ยวโค้ง	líao khóoŋ
	「カーブを曲がる」
แลกเปลี่ยน	lɛ̂ɛk plìan
	「交換する」
วางแผน	waaŋ phɛ̌ɛn
	「計画を立てる」
วิ่งกระโดดข้ามรั้ว	wîŋ kradòot khâam rúa
	「障害物競走をする」
ส่งจดหมาย	sòŋ còt mǎai
	「手紙を出す」

109

สร้างอนาคต   sâaŋ anaakhót
「将来のために学んだり仕事をしたりする」

สั่งข้าวผัดกุ้ง   sàŋ khâao phàt kûŋ
「エビ炒飯を注文する」

เสร็จเรื่อง   sèt rûaŋ
「かたが付く」

เสียเวลา   sĭa weelaa
「時間をムダにする」

แสดงสุนทรพจน์   sadɛɛŋ sunthɔɔnraphót
「式辞を述べる」

ใส่แว่นตา   sài wêntaa
「眼鏡をかける」

หลงทาง   lŏŋ thaaŋ
「道に迷う」

หนีภาษี   nĭi phaasĭi
「脱税する」

หลับตาปี๋   làp taa pĭi
「目をぎゅっとつぶる」

หาเรื่อง   hăa rûaŋ
「因縁をつける」

ห้ามญาติ   hâam yâat
「ハームヤート：仏像の形のひとつ」
（左手を体側に垂らし，右手を胸の前で押し
とどめる形）

หายขาด   hăai khàat
「全快する」

110

ให้กำลังใจ   hâi kamlaŋ cai
「はげます」

อยู่บ้าน   yùu bâan
「在宅している」

อ่านศิลาจารึก   àan sìlaa caarúk
「碑文を読む」

อาบน้ำทะเล   àap náam thalee
「海水浴をする」

อายชาวบ้าน   aai chaao bâan
「世間に恥ずかしい」

111

2 タイ語の地名

　どこの国でも地名は大切な民族の財産であって，いったん変わってしまうとそのまま失われてしまうことがほとんどです．開発業者や役人が頭をひねって考えても，もともとの地名の深い味わいには遠く及びません．タイの場合，地方の町が近代国家の一部としてバンコクの王権に組み入れられていく過程でサンスクリットの地名に変更されたものが多いのです．地名だけでなく，お寺の名前も人々の暮らしが見える純タイ語の名前から，もっともらしい（格好よさげな）サンスクリットの名前に変えられてしまい，残念な気がします．

　地名を少しあげましたが，あくまで口の練習のためですので，ไปเที่ยว pai thîao ～「～に遊びに行く」，ไปนมัสการ pai namátsakaan ～「～に参詣に行く」といった動詞をつけて口に出して練習していただきたいと思います．その間は切ることなく一息で発音してください．また地名やお寺の名前はタイ文字を読む練習にもなりますので，最初に発音記号に直してみるのも効果倍増かもしれません．

กรุงเทพมมหานคร	khruŋthêep mahăa nakhɔɔn
	バンコク
พระบรมมมหาราชวัง	phrá bɔɔromma mahăa râatcha waŋ
	王宮
สนามหลวง	sanăam lŭaŋ
	王宮前広場

สะพานปิ่งเกล้า	saphaan pìŋklâao
	ピンクラオ橋
	*klâoは長音で発音されます
สะพานพุทธ	saphaan phút
	ラーマ1世橋
สะพานสาทร	saphaan săathɔɔn
	サートーン橋
แม่น้ำเจ้าพระยา	mɛ̂ɛnáam câo phrá yaa
	チャオプラヤー川
ถนนเยาวราช	thanŏn yaowarâat
	ヤオワラート（ヤワラ）通り
ถนนเจริญกรุง	thanŏn carəən kruŋ
	チャルーンクルン通り
ถนนพระรามสี่	thanŏn phrá raam sìi
	ラーマ4世通り
ถนนสุขุมวิท	thanŏn sùkhŭmwít
	スクムビット通り
ถนนสีลม	thanŏn sĭilom
	シーロム通り
สี่แยกพญาไท	sìi yɛ̂ɛk phayaathai
	パヤタイ交差点
สี่แยกปทุมวัน	sìi yɛ̂ɛk pathumwan
	パトムワン交差点
สี่แยกอโศก	sìi yɛ̂ɛk asòok
	アソーク交差点

113

อนุสาวรีย์ชัยฯ anúsăwarii chai(samɔ̌ɔraphuum)
戦勝記念塔（1940年のフランスとの国境紛
争で戦死した59人の英霊を記念する塔）

อนุสาวรีย์ประชาธิปไตย anúsăwarii prachaathíppatai
民主記念塔（1932年の立憲革命を記念する塔）

หัวลำโพง hŭalamphooŋ
ホワランポーン（旧バンコク駅）

สยามสแควร์ sayăam sakhwɛɛ
サヤームスクエア

เอกมัย èekkamai
エーカマイ

ท่าอากาศยานสุวรรณภูมิ thâa aakàatsayaan sùwannaphuum
スワンナプーム空港

พระนครศรีอยุธยา phrá nakhɔɔn sĭi ayútthayaa
アユタヤ（400年間の都）

นครสวรรค์ nakhɔɔn sawăn
ナコンサワン（中国正月のお獅子が有名）

สุโขทัย sùkhŏothai
スコータイ（タイ族の最初の都）

นครลำปาง nakhɔɔn lampaaŋ
ランパーン（北部の古都）

เชียงใหม่ chiaŋ mài
チエンマイ（700年続いたラーンナータイ王
国の都）

แม่ฮ่องสอน　　　　mɛ̂ɛ hɔ̂ŋ sɔ̌ɔn
　　　　　　　　　メーホンソーン（シャン文化が息づくタイ北
　　　　　　　　　部山間の町）

แก่งคอย　　　　　kɛ̀ŋ khɔɔi
　　　　　　　　　ケンコーイ（サラブリー県にあるパーサック
　　　　　　　　　川と鍾乳洞の町）

นครราชสีมา　　　nakhɔɔn râatcha sǐimaa
　　　　　　　　　ナコーンラーチャシーマー（東北タイラーオ
　　　　　　　　　世界への入り口）

ปราสาทหินพิมาย　praasàat hǐn phímaai
　　　　　　　　　ピマーイ遺跡（アンコール帝国の神殿遺蹟）

ขอนแก่น　　　　　khɔ̌ɔn kɛ̀n
　　　　　　　　　コーンケン（東北タイ開発の拠点）

หนองคาย　　　　　nɔ̌ɔŋ khaai
　　　　　　　　　ノーンカーイ（ラオスとの国境の町）

แม่โขง　　　　　　mɛ̂ɛ khǒoŋ
　　　　　　　　　メコン川（チベット高原に源流を持つ大河.
　　　　　　　　　コーン川）

บุรีรัมย์　　　　　　bùriiram
　　　　　　　　　ブリーラム（パノムルン遺跡をはじめクメー
　　　　　　　　　ル遺跡の宝庫）

สุรินทร์　　　　　　sùrin
　　　　　　　　　スリン（象祭りが有名）

อุบลราชธานี　　　ùbon râatcha thaanii
　　　　　　　　　ウボン（東北タイのラーオ文化の中心地）

115

ร้อยเอ็ด	rɔɔi èt
	ローイエット（町の中心にプラーンチャイ湖
	がある）
มหาสารคาม	mahăa săara khaam
	マハーサーラカーム（東北部の中央に位置し，
	教育機関が多いことで有名）
นครพนม	nakhɔɔn phanom
	ナコンパノム（国境のメコン川に面して有名
	な仏塔がある）
นครปฐม	nakhɔɔn pathŏm
	ナコンパトム（大仏塔で有名）
หัวหิน	hŭa hĭn
	フワヒン（上流階級の行楽地だった．穏やか
	な海）
กาญจนบุรี	kaancanáburii
	カーンチャナブリー（ミャンマー国境の深い
	森と川や湖で有名）
จันทบุรี	cantháburii
	チャンタブリー（ドリアンやマンゴーなど果
	樹園と宝石で有名）
ตราด	tràat
	トラート（カンボジア国境の町．カンボジア
	へのバスが出ている）
สุพรรณบุรี	sùphanburii
	スパンブリー（タイ族以前からめんめんと続
	く古都で文学や芸術も有名）

ภูเก็ต	phuukèt
	プーケット（タイを代表する海浜リゾート．プーケット街も趣のある街並み）
นครศรีธรรมราช	nakhɔɔn sǐi thanma râat
	ナコンシータンマラート．（南タイで一番の古都）
หาดใหญ่	hàat yai
	ハートヤイ（南タイ一番の商業都市）
เกาะช้าง	kɔ̀ cháaŋ
	チャーン島（プーケットに次ぐ大きさを持つ島．深い森林）
เกาะเสม็ด	kɔ̀ samèt
	サメット島（タイ湾に浮かぶ小島．白い砂が魅力）
เขาใหญ่	khǎo yài
	カオヤイ（タイで最初の国立公園）

・お寺の名前

วัดพระแก้ว	wát phrá kɛ̂ɛo
	エメラルド寺院のタイ語での通称
วัดโพธิ์	wát phoo
	ワット・ポー（寝釈迦像とあんまで有名）
วัดสุทัศน์ฯ	wát sùthát
	ワット・スタット（旧市街の中心で本堂とスコタイ仏，壁画で有名）

117

วัดบวรนิเวศฯ

wát bɔɔwɔɔn ní wêet

ワット・ボウォーンニウェート（王族が出家する格式高い寺院）

วัดสระแกศฯ

wát sakèet

ワット・サケート（金の山プーカオトーンには仏陀の真骨が安置されている）

วัดพระพุทธบาท

wát phrá phúttha bàat

ワット・プラプッタバート（サラブリー県にある仏足石を祀る古刹）

วัดพระธาตุลำปางหลวง

wát phrá thâat lampaaŋ lǔaŋ

ワット・プラタート・ランパーンルワン（ランパーンの古刹）

วักพระธาตุดอยสุเทพ

wát phrá thâat dɔɔi sùthêep

ワット・プラタート・ドーイステープ（チエンマイのシンボル）

วัดพระธาตุนครพนม

wát phrá thâat nakhɔɔn phanom

ワット・プラタート・ナコンパノム（メコン川沿いに面した仏塔）

วัดช้างให้ฯ

wát cháaŋ hâi

ワット・チャーンハイ（タイ最南部のパッターニー県にある古刹）

3 調子のことば，言いまわし

　日本語で「仲良しこよし」「夕焼け小焼け」と同じように，タイ語では単に調子をよくするために似たような音節を付け加えたり，対句にしたりして言うことがよくあります．ここには取り上げませんでしたが，2音節ある言葉の母音をひっくり返して（たとえばarɔi dii を arii dɔi と言うように）あそぶようなこともあります．タイ語はあそびに満ちたたのしい言葉なのです．

　ここでは韻を踏んだ対句にして音を楽しむような言い回しもあげてみました．対句の場合は，間で切らないで続けて発音してください．途中で切ると韻の重なりが途切れてしまいます．

*おまけ音源を用意しました．QRコードを読み取って，お楽しみください．

กินหยูกกินยา	kin yùuk kin yaa 「薬を飲む」
งูๆปลาๆ	ŋuu ŋuu plaa plaa 「半可通な」
กินข้าว กินปลา	kin khâao kin plaa 「食事をする」
ดีอก ดีใจ	dii òk dii cai 「うれしい」
อาบน้ำ อาบท่า	àap náam àap thâa 「水浴びをする」

กลับบ้าน กลับช่อง klàp bâan klàp chɔ̂ŋ
「家に帰る」

เป็นหู เป็นตา pen hǔu pen taa
「耳目となって守る」

ซักผ้าซักผ่อน sák phâa sák phɔ̀n
「洗濯する」

หลับหูหลับตา làp hǔu làp taa
「目をつむる」

ล้างไม้ล้างมือ láaŋ mái láaŋ mɯɯ
「手を洗う」

ตำรับตำรา tamràp tamraa
「教科書」

หนังสือหนังหา nǎŋsɯ̌ɯ nǎŋhǎa
「本」

ส้มสูกลูกไม้ sôm sùuk lûuk máai
「くだもの」

บ้านช่องห้องหอ bâan chɔ̂ŋ hɔ̂ŋ hɔ̌ɔ
「家」

น้ำใสใจจริง nám sǎi cai ciŋ
「誠実なこと」

หมูเห็ดเป็ดไก่ mǔu hèt pèt kài
「4種の薬草を煎じた滋養強壮の薬」

เหล้ายาปลาปิ้ง lâo yaa plaa pîŋ
「酒，たばこ，焼き魚といったおもてなし」

เหงื่อไหลไคลย้อย ŋɯ̀a lǎi khlai yɔ́ɔi
「汗水流す」

120

ล้มลุกคลุกคลาน

lóm lúk khlúk khlaan

「七転八倒して苦労する」

อิ่มหมีพีมัน

ìm mǐi phii man

「満腹になる」

ยากจนข้นแค้น

yâak con khôn khέεn

「ひどく貧しい」

ข้าวยากหมากแพง

khâao yâak màak phεεŋ

「物価が高い」

ข้าวเหลือ เกลืออิ่ม

khâao lǔua kluua ìm

「食うに困らぬ豊かな」

หน้าเนื้อใจเสือ

hâa núua cai sǔua

「やさしい顔で怖い心の」

ร้องห่มร้องไห้

rɔ́ɔŋ hòm rɔ́ɔŋ hâi

「泣く」

เจ็บปวดรวดร้าว

cèp pùat rûat ráao

「ひどく痛む」

โซซัดโซเซ

soo sát soo see

「貧しく腹を空かせてさまよう」

นอนค้างอ้างแรม

nɔɔn kháaŋ âaŋ rεεm

「泊る」

ถูกเนื้อต้องตัว

thùuk núua tɔ̂ŋ tua

「体にあたる」

เสียอกเสียใจ

sǐa òk sǐa cai

「悲しむ」

เสียเงินเสียทอง

sǐa ŋən sǐa thɔɔŋ

「お金を使う」

121

เสียดมเสียดาย sĭa dom sĭa daai
「惜しい」

ง่วงเหงาหาวนอน ŋûan ŋăo hăao nɔɔn
「眠い」

เคียงบ่าเคียงไหล่ khiaŋ baa khiaŋ lài
「肩を並べる」

ซื้อข้าวซื้อของ súɯ khâao súɯ khɔ̆ɔŋ
「買い物をする」

หมูไปไก่มา mŭu pai kài maa
「お互いに交換する」

ข้าวแดงแกงร้อน khâao dɛɛŋ kɛɛŋ rɔ́ɔn
「養育の恩がある」

สะอาดสะอ้าน sa àat sa âan
「清潔な」

พักผ่อนนอนหลับ phák phɔ̀ɔn nɔɔn làp
「休息する」

อยู่กับเหย้าฝ้ากับเรือน yùu kàp yâo fâo kàp rɯan
「主婦として家を守る」

เจ็บไข่ได้ป่วย cèp khâi dâi pùai
「病気になる」

ล้มหมอนนอนเสื่อ lóm mɔ̆ɔn nɔɔn sùa
「病気で寝込む」

4 ことわざ，地口

　タイのことわざには身近な動物や身体の場所などをモチーフにしたもの
もあり，古典文学の中のエピソードや仏教の教えにアイデアをとったもの
もあります．ここでは現在でも比較的よく使われる言いまわしや格言じみ
たものをざっくりと集めてみました．方針を立てて並べたものではありま
せん．あくまでも口の練習の材料だと思って，意味よりもリズム感を大事
にして発音していってください．

กงเกวียนกรรมเกวียน　koŋ kwian kam kwian
「牛に牛車の車輪がついてくるように，業はその人についてくる」

กบในกะลา　kòp nai kalaa
「井の中の蛙」（ヤシの実の殻の中の蛙）

ยกหางตัวเอง　yók hǎaŋ tua eeŋ
「自画自賛」（自分で尻尾を持ち上げる）

ข้าวใหม่ปลามัน　khâao mài plaa man
「新婚ほやほや」（温かい飯と脂ののった魚）

สอนจระเข้ว่ายน้ำ　sɔ̌ɔn cɔɔrakhêe wâai náam
「釈迦に説法」（ワニに泳ぎを教える）

เข็นครกขึ้นภูเขา　　　　　khěn khrók khûn phuu khǎo
「非常な難事」（台所臼を押して山に登る）

ฆ่าช้างเอางา　　　　　khâa cháaŋ ao ŋaa
「分の合わないこと」（象を殺して象牙を得る）

ตำน้ำพริกละลายแม่น้ำ tam nám phrík lalaai mɛ̂ɛ náam
「苦労を水の泡にする」（ナムプリックを作って川に流す）

ตักน้ำรดหัวตอ　　　　　tàk náam rót hǔa tɔɔ
「ムダなこと」（水を汲んできて木の切り株にかける）

ผักชีโรยหน้า　　　　　phàk chii rooi nâa
「お茶を濁すこと」（パクチーをふりかける）

ปิดทองหลังพระ　　　　　pìt thɔɔŋ lǎŋ phrá
「陰徳を積む」（仏像の背中に金箔を貼る）

หน้าไหว้หลังหลอก　　　　nâa wâi lǎŋ lɔ̀ɔk
「面従腹背」（表ではワイ，後ろに回ればベロベロバー）

ความวัวยังไม่หาย ความควายเข้ามาแทรก
khwaam wua yaŋ mâi hǎai　khwaam khwaai khâo maa sɛ̂ɛk
「一つの厄介ごとが終わらないうちに，次の厄介ごとが分け入ってくる」（牛の一件が終わらぬうちに水牛の一件が割り込んでくる）

มือไม่พาย เอาตีนราน้ำ   mɯɯ mâi phaai ao tiin raa náam

「手伝わぬばかりか邪魔をする」（手は漕がず，足を垂らして水に逆らう）

ขี่ช้างจับตั๊กแตน   khìi cháaŋ càp tàkkatɛɛŋ

「利益に見合わぬ投資をする」（象にまたがってバッタを捕まえる）

จับปลาสองมือ   càp plaa sɔ̌ɔŋ mɯɯ

「二兎を追う者一兎をも得ず」（両手に魚をつかむ）

ตัดหางปล่อยวัด   tàt hǎaŋ plɔ̀i wát

「勘当・破門する」（尻尾を切ってお寺に放す）

　＊この場合は軍鶏の尻尾を切ってお寺に放すということです.

รำไม่ดีโทษปี่โทษกลอง   ram mâi dii thôot pìi thôot klɔɔŋ

「他人に責任をなすりつける」（踊りがまずいのは笛のせい，太鼓のせいだ）

ฆ่าควาย อย่าเสียดายพริก   khâa khwaai yàa sǐadaai phrík

「大きなことをするときには最後のケチは禁物」（水牛を屠ったのなら，唐辛子を惜しむな）

ดูช้างให้ดูหาง ดูนางให้ดูแม่
duu cháaŋ hâi duu hǎaŋ duu naaŋ hâi duu mɛ̂ɛ

「嫁選びはその母親を見よ」（象を見る時には尻尾を見よ，女性を見る時にはその母を見よ）

วัวแก่ชอบกินหญ้าอ่อน

wua kɛ̀ɛ chɔ̂ɔp kin yaa ɔ̀ɔn

「スケベ爺は若い娘が好き」（老いた牛は若草を好む）

เข้าเมืองตาหลิ่วต้องหลิ่วตาตาม

khâo mɯaŋ taa lìu tɔ̂ŋ lìu taa taam

「郷に入れば郷に従え」（片目の国に行ったら片目をつぶっていよ）

หุงข้าวประชดหมา ย่างปลาประชดแมว

hŭŋ khâao prachót măa yâaŋ plaa prachót mɛɛo

「逆効果のたとえ」（飯を炊いて犬をあてこすり，魚を焼いて猫をあてこする）

126

5 子供の遊びうた（บทเด็กเล่น）

　子供の遊びのうたが興味をもって出版されたのは1920年にダムロン親王の命でルワン・タンマーピロンがまとめたものがはじめで，その後追加に集められたものを合わせて何回か出版されました．20世紀の初めはレコードが発明され，世界中で自分たちの民謡に関する目が開かれていった時期でしたが，その後，ラジオやテレビの普及や歌い手の世代代わりによって，民謡も子供のうたや遊びも急速に消えていったことは世の常ながら，残念なことです．ここでは現代の子供もあそぶ手遊びや遊戯のうたを少しあげてみました．

　これも調子のいい言葉やことわざと同様に，タイに関する知識のための素材ではなく，口を動かしてリズムを味わう材料としてあげたもので，ざっくりと口当たりのいいものを集めてみたにすぎません．どうぞ口に出して音を楽しんでいただければと思います．

　なお，この項のテキストにはあえて訳文を添えてありません．こうした遊びうたは意味を追いかけてもあまり効能がないことは，たとえば「茶壷に追われてトッピンシャン，抜けたらドンドコショ，俵のネズミが米食ってチュー」といううたを英語に翻訳してみたところでほとんど無意味なことを考えていただければいいと思います．

「黒蟹田蟹」

จับปูดำ ขยำปูนา   càp puu dam khayăm puu naa

จับปูม้า คว้าปูทะเล   càp puu máa khwáa puu thalee

สนุกจริงเลย แล้วเลยนอนเปล
sanùk ciŋ ləəi lέεo ləəi nɔɔn plεε

ชะโอละเห่ นอนเปลหลับสบาย
chá oo la hèe nɔɔn plee làp sabaai

これは子供が自分でうたって遊ぶのではなく，赤ちゃんににぎにぎをさせながら，抱っこしている大人がうたうものです．にぎにぎうたです．

「とんがりお米」

รีรีข้าวสาร
rii rii khâao săan

สองทะนานข้าวเปลือก
sɔ̌ɔg thanaan khâao plùak

เลือกท้องใบลาน
lûak thɔ́ɔŋ bai laan

เก็บเบี้ยใต้ถุนร้าน
kèp bîa tâi thŭn ráan

พานเอาคนข้างหลังไว้
phaan ao khon khâaŋ lăŋ wái

ちょうど日本の「後ろの正面だあれ」に似たような遊びのうたです．

จ้ำจี้มะเขือเปราะ
câm cîi makhɯ̌a prɔ̀

กะเทาะหน้าแว่น
kathɔ́ nâa wên

พายเรือแอ่นแอ่น
phaai rɯa ɛ̀n ɛ̀n

กะทั่งต้นกุ่ม
kathâŋ tôn kùm

เห็นเด็กหนุ่มหนุ่ม
hěn dèk nùm nùm

ดีเนื้อดีใจ
dii nɯ́a dii cai

ขอด้ายขอไหม
khɔ̌ɔ dâai khɔ̌ɔ mǎi

เย็บผ้ายายชี
yép phâa yaai chii

เขาโห่กาลี
khǎo hòo kaalii

เขาตีโหม่งครุ่ม
khǎo tii mòoŋ khrûm

ขยุ้มหน้ากลอง
khayûm nâa klɔɔŋ

นางสายบัวทอง
naaŋ sǎai bua thɔɔŋ

อาบน้ำท่าไหน
àap náam thâa nǎi

อาบน้ำท่าวัด
àap náam thâa wát

เอาแป้งไหนผัด
ao pɛ̂ŋ nǎi phàt

เอากระจกไหนส่อง
ao kracòk nǎi sɔ̀ŋ

เยี่ยมเยี่ยมมองมอง
yîam yîam mɔɔŋ mɔɔŋ

นกขุนทองร้องเน้อ
nók khǔn thɔɔŋ rɔ́ɔŋ nə́ə

地域差，時代差で歌詞は少し異なって読まれていますが，どのバージョンでも母音が次の行に引き継がれ重なっていくことで，調子のいいうたになっています．音源の中にはいわゆる「正調」として古い形のバージョンも入れておきました．

129

「尻っぽ食いヘビ」

แม่งูเอย
mɛ̂ɛ ŋuu əəi

กินน้ำบ่อทราย
kin náam bɔ̀ɔ saai

กินน้ำบ่อโศก
kin náam bɔ̀ɔ sòok

กินน้ำบ่อหิน
kin náam bɔ̀ɔ hǐn

กินหัวกินหาง
kin hǔa bɔ̀ɔ hǎaŋ

กินน้ำบ่อไหน
kin náam bɔ̀ɔ nǎi

ย้ายไปก็ย้ายมา
yáai pai kɔ̂ yáai maa

โยกไปก็โยกมา
yôok pai kɔ̂ yôok maa

บินไปก็บินมา
bin pai kɔ̂ bin maa

กินกลางตลอดตัว
kin klaaŋ talɔ̀ɔt tua

子供が電車ごっこのように長く連なってヘビになり，オニがその中の子を捕まえる あそびです．冒頭の **แม่** mɛ̂ɛ があるのが正調ですが，ないバージョンもあります．

130

「袋網」

โพงพางเอย
phooŋ phaaŋ əəi

ปลาเข้าลอด
plaa khâo lɔ̂ɔt

ปลาตาบอด
plaa taa bɔ̀ɔt

เข้าลอดโพงพาง
khâo lɔ̂ɔt phooŋ phaaŋ

追いかけっこに近いあそびです. かなり昔のあそびです.

131

6 詩文（บทกลอน）

　タイ語はゆたかな韻文の伝統を持っています．韻とは母音のことで，母音が決まった場所に繰り返し打ち込まれることで,心に響く音になります．韻文にはその形式に従って読み方があり，メロディーが付いています．文にも事細かな規則があって，韻の位置や，詩の形式によっては声調記号の位置や種類なども規定されますが，詩文にとってもっとも大切なのは「音の響きの美しさ」です．頭で論理的に意味を理解する散文とはそこが根本的に異なります．韻文文学のめざすところはことばのもつ響きの世界を構築することです．つまり韻文文学は徹底して耳の快楽のための文学です．詠み聞く「場の文学」なのです．

　ここではよく知られている韻文文学を3点あげました．まずは散文のように平読みで結構ですから,声に出してゆっくりと味わってみてください．音源にはいくつかの詠みのバージョンを採ったものもあります．比べてみてください．一応,だいたいの意訳をつけましたが，あくまで参考程度にお考えください．

「御座船スワンナホンの船漕ぎ詩」

สุวรรณหงส์ทรงภู่ห้อย

sùwanna hǒŋ soŋ phûu hôi

งามชดช้อยลอยหลังสินธุ์

ŋaam chót chɔ́ɔi lɔɔi lǎŋ sǐn

「御座船スワンナホン（金の鴻）は柔らかに美しい房をたらして，水面を滑りゆく」

เพียงหงส์ทรงพรหมินทร์

phiaŋ hǒŋ soŋ phrom min

ลินลาศเลื่อนเตือนตาชม

lin lâat lûan tɯan taa chom

「大梵天王の御座船　優雅なあゆみは目の覚めるごとくすばらしきかな」

アユタヤー時代末期の王族ヂャオファー・タンマティベートの作品です．
タイ国王の御座船の中でももっとも大きくきらびやかなスワンナホン号
（現在のスパンナホン号）をほめたたえるうたです．スワンナホン（金の鴻）
の名の通り，へさきは鳥の首のかたちになっており，美しい房の付いた玉
をくわえています．音源には，純粋に詩文として詠んだもの2種類と，多
人数で船を走らせるときの詠み1種を採録しています．

มัสมั่นแกงแก้วตา

mátsamân kɛɛŋ kɛ̂ɛo taa

「愛するあなたのマッサマンカレー

หอมยี่หร่ารสร้อนแรง

hɔ̌ɔm yîi ràa rót rɔ́ɔn rɛɛŋ

ウイキョウの薫り高く，力強い味よ」

ชายใดได้กลืนแกง

chaai dai dâi klɯɯn kɛɛŋ

「男ならだれでも，このカレーを食べたなら，

แรงอยากให้ใฝ่ฝันหา

rɛɛŋ yàak hâi fài fǎn hǎa

あこがれに身を焦がす」

ยำใหญ่ใส่สารพัด

yam yài sài sǎaraphát

「さまざまなものを色とりどりに美しく載せた和え物に」

วางจานจัดหลายเหลือตรา

waaŋ caan càt lǎai lɯ̌a traa

รสดีด้วยน้ำปลา

rót dii dûai námplaa

「日本のナムプラー（しょっつる）をかければ，心を魅きつけるこの上ない一品」

ญี่ปุ่นล้ำย้ำยวนใจ

yîipùn lám yám yuan cai

ตับเหล็กลวกหล่อนต้ม

tàp lèk lûˆak lòn tôm

「あなたの煮たゆがいたレバー

เจือน้ำส้มโรยพริกไทย

cɯa nám sôm rooi phrík thai

お酢とちょっぴり胡椒もふりかけ」

โอชาจะหาไหน

oo chaa cà hǎa nǎi

「どこにこんなうまいものがあろうか

ไม่มีเทียบเปรียบมือนาง

mâi mii thîap prìap mɯɯ naaŋ

あなたの腕前は誰も比べようにない」

หมูแนมแหลมเลิศรส

mǔu nɛɛm lɛ̌ɛm lə̂ət rót

「最高の味わいの腸詰に　生唐辛子を添えて，梯梧の葉で包む」

พร้อมพริกสดใบทองหลาง

phrɔ́ɔm phríksòt bai thɔɔŋ lǎaŋ

พิศห่อเห็นรางชาง

phít hɔ̀ɔ hen raaŋ chaaŋ

「それを見れば何と際立ったこと．離れれば心が騒ぎたつよ」

ห่างห่อหวนป่วนใจโหย

hàaŋ hɔ̀ɔ hǔan pùan cai hǒoi

詩人としても名高いラーマ2世王の作です．後宮の女性たちが腕を振るうごちそう（と女性たち）をほめたたえるうたです．

「旅の詩」

แรมทาง กลางเถื่อน
rɛɛm thaaŋ klaaŋ thɯ̀an
「旅をして過ごす森の中　知る人と離れて」

ห่างเพื่อน หาผู้
hàaŋ phɯ̂an hǎa phûu

หนึ่งใด นึกดู
nɯ̀ŋ dai nɯ́k duu
「誰一人，杳として影も見えない」

เห็นใคร ไป่มี
hěn khrai pài mii

หลายวัน ถั่นล่วง
lǎai wan thàn lûaŋ
「さすらいの日々久しく，めざすはウェーサーリーの都」

เมืองหลวง ธานี
mɯaŋ lǔaŋ thaa nii

นามเว สาลี
naam wee sǎalii
「思いを定め歩みゆく」

ดุ่มเดา เข้าไป
dùmdao khâo pai

ผูกไมตรีจิต
phùuk mai trii
「友情をかわし、つねに慣れ親しんだ」

เชิงชิดชอบเชื่อง
chəəŋ chít chɔ̂ɔp chɯ̂aŋ

กับหมู่ชาวเมือง
kàp mùu chaao mɯaŋ
「都の人々よ、品よきしぐさよ」

ฉันอัชฌาสัย
chǎn àtchaasǎi

เล่าเรื่องเคืองขุ่น
lâo rɯ̂aŋ khɯaŋ khùn
「怒りのことばを語り、虚しく騒ぐ心もて」

ว้าวุ่นวายใจ
wáa wûn waai cai

จำเป็นมาใน
cam pen maa nai
「われは知る人なき異郷の地に向かわねばならぬ」

ด้าวต่างแดนคน
dâao tàaŋ dɛɛn khon

ラーマ6世時代の詩人チット・ブラタットの詩です．前半だけを採録した音源もあります．

135

練習問題の答え

第2部
第1課　練習1
1　ฆ　2　ต　3　ร　4　ส　5　ว
6　ม　7　น　8　พ　9　ล

第1課　練習2
1　pɔɔ-plaa　2　kɔɔ-kài　3　ɔɔ-àaŋ
4　yɔɔ-yák　5　chɔɔ-cháaŋ
6　dɔɔ-dèk　7　thɔɔ-thahǎn
8　sɔɔ-sǔa　9　hɔɔ-hìip

第1課　練習3
1　低　2　低　3　中　4　中
5　中　6　低　7　高　8　低
9　高

第2課　練習
1　taa　　2　mii　　3　naa
4　maalii　5　thaa　　6　sǐi
7　ŋuu　　8　maa　　9　thalee
10　puu　　11　cəə　　12　ruu
13　laa　　14　hǔu　　15　dii
16　aa　　17　thee　　18　chaa

第3課　練習1
1　mɛɛo　2　pai　　3　laao
4　sǔa　　5　khǎao　6　ram
7　rɯa　　8　bai　　9　hǎai
10　mia　　11　khǎi　12　hɔ̌ɔi
13　yaai　14　khǎo（実際には[kháo]
と発音されています）　15　aai

第3課　練習2
1　chaao-khǎo　2　tham yam

3　hɔ̌ɔi-laai　4　sǐa-cai
5　wua tua-mia　6　mao bia laao

第4課　練習1
1　khɔɔ-rakhaŋ　2　fɔɔ-fan
3　thɔɔ-monthoo　4　phɔ̌ɔ-phɯ̂ŋ
5　khɔɔ-khwaai　6　yɔɔ-yǐŋ
7　dɔɔ-chadaa　8　sɔ̌ɔ-sǎalaa
9　thɔɔ-phûu-thâo

第4課　練習2
1　ฐ　2　ฌ　3　ธ　4　ซ
5　ฮ　6　ณ　7　ฏ　8　ถ
9　ฒ

第4課　練習3
1　phǐi　　2　khɔ̌ɔ　3　khǎa
4　phaasǎa　5　khɯɯ　6　fǐi-mɯɯ

第4課　練習4
1　chɔɔ-cháaŋ, sarà-ii
2　khɔ̌ɔ-khài, sarà-aa, wɔɔ-wɛ̌ɛn
3　mái-malaai, ɔɔ-àaŋ
4　phɔɔ-phaan, ɔɔ-àaŋ
5　nɔɔ-nǔu, sarà-am
6　tɔɔ-tào, mái-hǎn-aakàat, wɔɔ-wɛ̌ɛn

第4課　練習5
1　ยา　2　เตา　3　ใน　4　แจว

第5課　練習
1　plaa　　2　khruu　3　klua
4　trɛɛ　　5　phlɔɔi　6　traa
7　khwaai　8　phrɛɛo　9　khwǎa

136

10 khrua 11 phlɛ̌ɛ 12 phləə
13 trii 14 kriithaa 15 khrɯa
15 klai 15 phluu

第6課　練習1
1 khui 2 phǐu 3 sǔai
4 khəəi 5 ruai 6 dooi
7 reo

第6課　練習2
1 มวย 2 วิว 3 เนย

第7課　練習1
1 thǔŋ 2 yaaŋ 3 phɛɛŋ
4 phleeŋ 5 kɛɛŋ 6 mɯaŋ

第7課　練習2
1 kin 2 aahǎan 3 ciin
4 khun 5 sɔ̌ɔn 6 khǐan

第7課　練習3
1 taam 2 yaam 3 phɔ̌ɔm
4 thǎam 5 khwaam

第7課　練習4
1 raam kham hɛ̌ɛŋ 2 rooŋ-rɛɛm
3 dɔɔn-mɯaŋ 4 baaŋ-lam-phuu
5 aacaan

第8課　練習
1 phǒm 2 pen 3 khon
4 panhǎa 5 om 6 ŋən
7 sǎmkhan 8 dontrii
9 dəən thaaŋ

第9課　練習1
1 sùk 2 phàk 3 fùk

4 khɛ̀ɛk 5 phàt 6 khàat
7 phèt 8 hòot 9 khàp
10 sɔ̀ɔp 11 thìip 12 sàp

第9課　練習2
1 tàk 2 pìak 3 dèk
4 òk 5 pèt 6 bàat
7 ùut 8 kɔ̀ət 9 kòp
10 tɔ̀ɔp 11 òp 12 bɛ̀ɛp

第9課　練習3
1 rîak 2 rák 3 yâak
4 phrík 5 mîit 6 mót
7 phûut 8 khít 9 chɔ̂ɔp
10 rîip 11 khráp 12 yáp

第9課　練習4
1 prathêet 2 ɔ̀ɔk-bɛ̀ɛp
3 thɔ̂ɔt-man 4 kradàat
5 aachîip 6 chiiwít
7 ookàat 8 chít lom
9 kruŋthêep

第10課　練習1
1 sùkhǒothai 2 sùkhǔmwít
3 hɔ̀ 4 chɛ̀

第10課　練習2
1 kɔ̀ 2 kɛ̀ 3 dù 4 pɛ̀ 5 tì

第10課　練習3
1 phísèet 2 phrá 3 ná
4 né-nam 5 phé 6 phrɔ́
7 ranâat 8 makhǎam

第11課　練習1
1 chìi 2 sài 3 sɯ̀a

137

4 hâaŋ   5 sûꞏa   6 phâa

第11課　練習2
1 kài   2 dàa   3 tào
4 pâa   5 tôm   6 kûŋ

第11課　練習3
1 phɔ̌ɔ   2 mâi   3 khwâm
4 cháaŋ   5 sú꞉꞉   6 ráan

第11課　練習4
1 yîipùn   2 phîi-nɔ́ɔŋ
3 wát phrá-kɛ̂ɛo
4 phûu-chîao-chaan   5 thîi-nâŋ
6 câo-chúu   7 tôm-yam-kûŋ
8 phrɔ́ɔm-phoŋ

第12課　練習1
1 tó   2 cée   3 céŋ
4 kée   5 íi   6 póoi sian

第12課　練習2
1 tǔa   2 pǔi 3 tɛ̂ɛ-cǐu 4 kěe
5 krapǎo   6 cěɛo   7 kǔaitǐao
8 lûuk-tǎo 9 cík-kǒo

第13課　練習1
1 mǐi   2 mǔu   3 nǔu
4 nǔa   5 mɔ̌ɔ   6 nǎi
7 nǐi   8 wǐ

第13課　練習2
1 wâi   2 lɔ̀ɔ   3 lâo   4 nîi
5 nâa   6 mìi   7 nɯ̀ŋ

第13課　練習3
1 wɛ̌ɛn   2 mòt   3 mǔan

4 nàk   5 lǔaŋ   6 yàap

第13課　練習4
1 khâao-nǐao   2 kaolǐi
3 chiaŋ-mài   4 nɔ̌ŋ-khaai
5 sùrào   6 còt-mǎai
7 hàat-yài   8 phɔ̌ŋ-karìi

第14課　練習
1 adìit   2 khaná
3 thanaakhaan   4 phayaathai
5 narók   6 pathumwan
7 praisanii   8 kaancanabùrii
9 yaowarâat   10 asòok

第15課　練習
1 rátthabaan   2 rátthamontrii
3 râatchakaan   4 râatchathaanii
5 phátthanaa   6 sùkkhaphâap
7 wítthayaalai   8 kìtcakaan
9 ayútthayaa   10 èekkamai

第16課　練習
1 sayǎam   2 chalàat   3 sanùk
4 khanǒm   5 arɔ̀i   6 sanǎam
7 thanǒn   8 samèt
9 sǎmnák-ŋaan   10 sǎmrùat

第3部
第1課（1）
1 khâao-man-kài   2 tôm-yam kûŋ
3 kǔaitǐao   4 lûuk-chín plaa
5 khâao-mǔu-dɛɛŋ   6 khâao-nǐao
7 mǔu pîŋ   8 khâao râat nâa kài

第1課（2）
1 châatchaai chîaonɔ́ɔi

138

2 phrá-yaa anúmaan râatchathon
3 priidii phanomyoŋ
4 cìt phuumísàk
5 phuumíphon-adunlayadèet

第1課（3）
1 kruŋthêep　　　2 sanǎam lǔaŋ
3 saphaan phrá pìŋklâo
4 yaowarâat　　　5 naaŋ-lɔ́ɔŋ
6 baaŋ-lam-phuu
7 phuu-khǎo thɔɔŋ　8 èekkamai
9 saphaan phút　　10 carəənkruŋ

第1課（4）
1 krasuaŋ mahàatthai
2 phrá-bàat sǒmdèt phrá-câo yùu hǔa
3 wát phrá-sǐi ráttana sàatsadaaraam
4 rooŋ-rian sǔan kùlàap
5 sahà prachaa-châat

第1課（5）
1 khwaam-cam　　2 lookaaphíwát
3 prasòpkaan　　　4 prapheenii
5 chumchon

第1課（6）
1 kaatuun　　2 frii　　3 mítəə
4 khɔɔnsɔ̀ət　　5 pianoo
6 yeesuu

第2課（1）
1 tham aahǎan　　2 sɯ́ɯ thîi-din
3 khít-thǔŋ mɛ̂ɛ　4 sôm naalikaa
5 thɯ́ɯ kɛ̂ɛo

第2課（2）
1 yàa sài nom　2 khəəi mii rót-yon

3 thàai rûup dâi　　4 khuan pai eeŋ
5 yàak lên náam（表記は［nám］. 単独
で使われるときや、熟語の末にくるとき
は［náam]）

第2課（3）
1 chɔ̂ɔp líaŋ sàt
2 mâi yàak hâi pai
3 thùuk phɯ̂an klɛ̂ɛŋ
4 sɔ̌ɔn thɔɔ phâa
5 thùuk khamooi taŋ

第2課（4）
1 thîi mɯaŋ-thai　　2 ban kâo-lîi
3 tâŋ-tɛ̀ɛ cháao（表記は［cháo］ですが、
実際の発音は［cháao]）　4 nai talàat
5 khâaŋ tûu thoorasàp

第2課（5）
1 mǎa sɔ̌ɔŋ tua　2 rót-mee khan níi
3 bâan lǎŋ nán　4 yaaŋ-lóp sìp kôon
5 náam hâa lít　6 samùt lêm nǎi
7 rôm khan níi　8 ìaŋ sìp oŋsǎa

第3課（1）
1 fǒn thâŋ hâi pen khěm
2 nîi sǔa pà cɔɔrakhêe
3 pîŋ plaa prachót mɛɛo
4 wua hǎai lɔ́ɔm khôok
5 kîŋ-kàa dâi thɔɔŋ

第3課（2）
1 bamìi kíao
2 wát bɔɔwɔɔnníwêetwíhǎan
3 thɛ́ksîi － sǎamlɔ́ɔ
4 rooŋ-phayaabaan deechaa

139

単語集

◇a

aa อา （父方の）叔父・叔母

aacaan อาจารย์ 先生

aachîip อาชีพ 職業

aahǎan อาหาร 食事

aai อาย 恥ずかしがる

àan อ่าน 読む

âao อ้าว あれっ

àat อาจ …かもしれない

aathít nâa อาทิตย์หน้า 来週

aathít níi อาทิตย์นี้ 今週

aathít thîi-lέεo อาทิตย์ที่แล้ว 先週

aawút อาวุธ 武器

adìit อดีต 過去

an อัน ［類］お菓子

anaakhót อนาคต 未来

anúsǎawarii อนุสาวรีย์ 記念碑

ao เอา （選んで）とる

arai อะไร 何

aròi อร่อย おいしい

asòok อโศก ［地］アソーク

ayútthayaa อยุธยา ［地］アユタヤ

◇b

bàai บ่าย 昼下がり

bâan บ้าน 家

baaŋ-lam-phuu บางลำภู ［地］バーン
ラムプー

baaŋ-sŵŵ บางซื่อ ［地］バーンスー

bàat บาท バート（通貨），重さ（15
グラム）

bai ใบ ［類］鞄，帽子，カード，皿，
チケット

bamìi บะหมี่ （小麦で作った）麺

bao เบา 軽い

bὲεp แบบ スタイル，形

bia เบียร์ ビール

bon บน ［前］…の上に，…の上で

bòt บท ［類］詩

bɔɔ บ่ …ない

bɔɔ. khɔɔ. sɔɔ. บ.ข.ส. バスターミナ
ル

bɔɔk บอก 言う，告げる

bɔɔrisàt บริษัท 会社

bùak บวก ＋（足す）

bùrìi บุหรี่ タバコ

◇c

ca จะ 未然を示す助動詞

ca taai จะตาย ひどく…

140

càai จ่าย 支払う

càak จาก [前] ...から（移動の起点）

cai ใจ 心

  cai-dam ใจดำ 腹黒い

  cai-dii ใจดี やさしい

  cai-yen ใจเย็น 冷静でおだやか

càkkrayaan จักรยาน 自転車

cam-dâi จำได้ 覚えている

câo เจ้า 主人

  câo-chúu เจ้าชู้ 浮気者

càp จับ さわる，つかむ，捕まえる

càt จัด 片付ける

cée เจ๊ 華僑の姉さん

céŋ เจ๊ง 倒産する

cèp เจ็บ 痛い

cèt เจ็ด 7

cɛ̌ɛo แจ๋ว 目などがぱっちり澄んだ

cəə เจอ 出会う，見つける

ciin จีน 中国の

cìip จีบ 口説く

cík-kǒo จิ๊กโก๋ イカれた奴，フーテン

ciŋ จริง 実に，本当に

coŋ จง ...せよ

còp จบ ...しおわる

còt-mǎai จดหมาย 手紙

cɔɔŋ จอง 予約する

cɔ̀ɔt จอด とめる

cùt จุด 点

◇ch

chaa ชา お茶

chaam ชาม [類] 丼

cháaŋ ช้าง 象

cháao เช้า 朝

  cháao trùu เช้าตรู่ 早朝

chaao-naa ชาวนา 農民

châat ชาติ 生まれ，民族

chabàp ฉบับ [類] 雑誌，冊子，手紙

châi ใช่ 然り，そうである

chái ใช้ 使う

chalàat ฉลาด 賢い

chán ฉัน あたし

chán năŋ-sɯ̌ɯ ชั้นหนังสือ 本棚

chanít ชนิด [類] 種類

chè แฉะ べとべと，どろどろになる

chiaŋ-mài เชียงใหม่ [地] チエンマイ

chiaŋ-raai เชียงราย [地] チエンラーイ

chii ชี 尼

chiiwít ชีวิต 生命

chítlom ชิดลม [地] チットロム

chon ชน ぶつかる

chôok โชค 運

chɔ̂ɔp ชอบ 好きだ

chûa-mooŋ ชั่วโมง 時間（単位）

chûai ช่วย 助ける

chum-chon ชุมชน コミュニティ

chûa เชื่อ 信じる

141

chûu ชื่อ 名前, ...という名である

◇d

dàa ด่า ののしる

dâam ด้าม ［類］ペン

dâi ได้ ...できる, ...してもよい

dâi-yin ได้ยิน 聞く, 聞こえる

dam ดำ 黒い

deechaa เดชา デーチャー(男性の名)

dèk เด็ก 子供

dɛɛŋ แดง 赤い

dɔɔn เดิน 歩く

　dɔɔn-thaaŋ เดินทาง 旅行する

dichán ดิฉัน わたくし（女性）

dii ดี よい

　dii-cai ดีใจ 喜ぶ

din ดิน 土

dontrii ดนตรี 音楽

dooi โดย ...によって

dɔɔk ดอก ［類］鍵, 花

dɔɔn-mɯaŋ ดอนเมือง ［地］ドーンム
　アン

dù ดุ きびしい

dûai ด้วย ...でもって, ちょっと

duaŋ ดวง ［類］丸いもの, 光るもの

duu ดู 見る

dɯan เดือน （暦の）月

　dɯan nâa เดือนหน้า 来月

dɯan níi เดือนนี้ 今月

dɯan thîi-lɛ́ɛo เดือนที่แล้ว 先月

◇e

èekkamai เอกมัย เอกมัย ［地］エーカマイ

eeŋ เอง 自分で, ひとりで

eesia เอเซีย アジア

èt เอ็ด （下一桁の）1

◇ɛ

ɛɛ แอร์ エアコン

◇f

fáa ฟ้า 空

fai-dɛɛŋ ไฟแดง 信号

faŋ ฟัง 聞く

fɛɛn แฟน 恋人

fĭi-mɯɯ ฝีมือ 技術

fŏn ฝน 雨

frii ฟรี タダで

fuu ฟู ふくれあがる

fùk ฝึก 稽古する

◇h

hâa ห้า 5

hăa หา 探す

hăai หาย なくなる

hăan หาร ÷ （割る）

142

hàat-yài หาดใหญ่ [地] ハートヤイ

hâi ให้ 与える

hěn เห็น 見える

hὲŋ แห่ง [類] 場所

hòk หก 6

hòot โหด 残忍な

hɔ̀ เหาะ 空中を舞い上がる

hɔ̂ŋ ห้อง 部屋

hɔ̌i หอย 貝

hɔ̌m หอม いい香りがする

hŭa หัว 頭

  hŭa-cai หัวใจ 心臓

  hŭa-khào หัวเข่า ひざがしら

  hŭa-khɔ̂ɔ หัวข้อ 題目

  hŭa-lam-phooŋ หัวลำโพง [地] フ

  ワラムポーン

  hŭa-nâa หัวน้า リーダー

hŭu หู 耳

◇i

iaŋ เอียง 傾いている

íi อี๊ 華僑の叔母さん

ìm อิ่ม お腹がいっぱいの

india อินเดีย インド

◇k

kaa กา カラス

kaafɛɛ กาแฟ コーヒー

kaancanabùrii กาญจนบุรี [地] カン

  チャナブリー

kaatuun การ์ตูน マンガ

kài ไก่ ニワトリ

kamlaŋ กำลัง ...しているところです

kan กัน 一緒に，相互的な動作を示す

kanyaa-yon กันยายน 9月

kào เก่า 古い

kâo(kâao) เก้า 9

kâo-îi เก้าอี้ イス

kaolĭi เกาหลี 韓国

karákadaa-khom กรกฎาคม 7月

kàp กับ [前] ...と

kàp-khâao กับข้าว おかず

kàt กัด 噛む

kathəəi กะเทย おかまの人

kée เก๊ まがいもの

kěe เก๋ 派手な

kèŋ เก่ง 賢い，できる

kèp เก็บ しまう

kὲ แกะ ヒツジ

kὲɛ แก่ 老いた

kɛ̂ɛ แก้ 修正する

kɛ̂ɛm แก้ม ほっぺた

kɛɛŋ แกง 汁料理

kɛ̂ɛo แก้ว グラス

kəən เกิน 過ぎる

kəət เกิด 生まれる

143

kìao-kàp เกี่ยวกับ ［前］...に関する

kìi กี่ 幾

  kìi mooŋ กี่โมง 何時

kìloo กิโล キロ（距離，重さ）

kin กิน 食べる

kìtcakaan กิจการ ビジネス

klâa กล้า 勇気のある

klaaŋ khɯɯn กลางคืน 夜中

klai ไกล 遠い

klâi ใกล้ ［前］...の近くに，...の近くで

klàp กลับ 帰る

klua กลัว 恐れる，怖がる

klɯa เกลือ 塩

koohòk โกหก ウソ，ウソをつく

kòp กบ カエル

kɔ̀ เกาะ 島

kɔ̂ɔ ก็ ...も，...すると〜

kɔ̀ɔn ก่อน ［前］...の前に

  kɔ̀ɔn thîaŋ ก่อนที่ยง 午前中

kɔ̂ɔn ก้อน ［類］塊，石鹸，石ころ

kradàat กระดาษ 紙

kram กรัม グラム（単位）

krapǎo กระเป๋า カバン

kraprooŋ กระโปรง スカート

kratàai กระต่าย うさぎ

kriithaa กรีฑา 陸上競技

kruŋthêep กรุงเทพฯ バンコク

kruŋthêep mahǎa-nakhɔɔn กรุงเทพมห

านคร(กทม.) バンコク

kǔaitǐao ก๋วยเตี๋ยว クイティアオ（米粉の麺）

kumphaa-phan กุมภาพันธ์ 2月

kûŋ กุ้ง エビ

kuu กู 俺

kùap เกือบ あやうく...するところだった

kwàa กว่า ...よりも

◇kh

khâ ค่ะ 女性用の丁寧語，はい

khá คะ 女性用の丁寧語（疑問文）

khàa ข่า しょうが

khâa ค่า 価値，価

  khâa-pratuu ค่าประตู 入場料

khâa ฆ่า 殺す

kháa ค้า 商う

khǎa ขา 脚

khâa-râatchakaan ข้าราชการ 公務員

khǎi ขาย 売る

khâaŋ ข้าง ［前］...の横で

khàao ข่าว ニュース

khâao ข้าว ご飯

  khâao-nǐao ข้าวเหนียว モチ米

  khâao-phàt ข้าวผัด チャーハン

khǎao ขาว 白い

khàat ขาด 欠ける

khabuan ขบวน 行列，列車

khài ไข่ 卵

khâi ไข้ 熱（体温）

kham คำ ことば，単語

khamooi ขโมย どろぼう，盗む

khan คัน [類] 車，カサ，自転車

khan ครรภ์ 胎

khaná คณะ グループ，学部

khanŏm ขนม お菓子

khanɛɛn คะแนน 点数

khâo เข้า 立ち入る

kháo เขา 彼

khâo-cai เข้าใจ わかる，理解する

khâo-cai-phìt เข้าใจผิด 誤解する

khàp ขับ 運転する，追いたてる

khayăai ขยาย 拡大する

khem เค็ม しょっぱい

khὲɛk แขก お客，南アジア人

khêɛp แคบ 狭い

khəəi เคย …したことがある

khĭan เขียน 書く

khĭao เขียว 緑の

khìi ขี่ またがって乗る

khìit ขีด 100グラム（重さ，口語）

khít คิด 考える

　khít-thŭŋ คิดถึง 慕う

khlɔɔŋ คลอง 運河

khlɔ̂ɔt คลอด 生む

khŏm ขม 苦い

khon คน 人，[類] 人，…人（単位）

khoŋ คง きっと…だろう

khoorâat โคราช [地] コーラート

khŏɔ ขอ 乞う

khɔɔi คอย 待つ

khɔ̌ɔn-kὲn ขอนแก่น [地] コーンケン

khɔɔnsə̀ət คอนเสิร์ต コンサート

khɔ̌ɔŋ ของ [前] …の

khɔ̂ɔŋ-khwăn ของขวัญ プレゼント

khɔ̀ɔp khun ขอบคุณ 感謝する

khrai ใคร 誰

khráŋ ครั้ง 回（単位）

khráp ครับ 男性用の丁寧語，はい

khrít-sàkkaràat คริสต์ศักราช（ค.ส.）西暦

khrua ครัว 台所

khruu ครู 先生

　khruu-yài ครูใหญ่ 校長

khrɯa เครือ 家族，夢

khrɯ̂aŋ เครื่อง 機械，[類] 機械，テレビ，電話

　khrɯ̂aŋ-bὲɛp เครื่องแบบ 制服

　khrɯ̂aŋ-bin เครื่องบิน 飛行機

　khrɯ̂aŋ-dontrii เครื่องดนตรี 楽器

　khrɯ̂aŋ-nai เครื่องใน 内蔵（動物の）

khrɯ̂ŋ ครึ่ง 半

145

khuan　ควร　...すべきである

khui　คุย　自慢する

khùat　ขวด　ビン

khun　คุณ　あなた

khûu　คู่　［類］靴, 靴下, 手袋, 夫婦

khuun　คูณ　×（掛ける）

khûn　ขึ้น　上がる

khɯɯ　คือ　すなわち

khwaai　ควาย　水牛

khwaam-　ความ-　概念名詞を作る接頭
　語

　khwaam-cam　ความจำ　記憶

　khwaam-dii　ความดี　善

　khwaam-rák　ความรัก　愛

　khwaam-rúu　ความรู้　知識

　khwaam-sa-àat　ความสะอาด　掃除

　khwaam-sǎmrèt　ความสำเร็จ　成功

　khwaam-sǔai　ความสวย　美

　khwaam-sùk　ความสุข　幸せ

　khwaam-taai　ความตาย　死

khwâm　คว่ำ　うつぶせる

◇l

lâ　ล่ะ　疑問や確認の語気を表わす

laa　ลา　別れを告げる, ロバ

　laa-ɔ̀ɔk　ลาออก　辞任する

lǎa　หลา　ヤード（単位）

laai　ลาย　文様

láan　ล้าน　百万

lǎan　หลาน　孫, 甥, 姪

láaŋ　ล้าง　洗う

laao　ลาว　ラオス（の）

lâap　ลาบ　ラープ（ひき肉料理）

lam　ลำ　［類］船, 飛行機

lǎŋ　หลัง　［類］家, 建物, ［前］...の後
　ろで

　lǎŋ thîaŋ　หลังที่ยง　午後

lâo　เหล้า　酒

làp　หลับ　寝つく

leeo　เลว　悪い

lék　เล็ก　小さい

lêm　เล่ม　［類］本, ナイフ, 刀

lên　เล่น　する, 遊ぶ

　lên-náam　เล่นน้ำ　水遊び

lé　และ　...と...

lέεɔ　แล้ว　...し終わった, もう...した,
　もう...だ

lǝǝi　เลย　通りすぎる, 全然...ない

lia　เลีย　なめる

líaŋ　เลี้ยง　飼う, おごる

lít　ลิตร　リットル

lom　ลม　風

loŋ　ลง　降りる

lǒŋ　หลง　迷う

lookaaphiwat　โลกาภิวัตน์　国際化

lóp　ลบ　−（引く）, マイナス

146

lɔ̌ɔ หล่อ ハンサムな，鋳造する

lɔ̌ɔk หลอก だます

lǔaŋ-phɔ̂ɔ หลวงพ่อ 年輩の僧侶への
敬称

lumphínii ลุมพินี ［地］ルムピニー

luŋ ลุง 両親の兄

lûuk ลูก 子供，［類］果実の実，山
　lûuk-sǎao ลูกสาว 娘

lûak เลือก 選ぶ

lǔaŋ เหลือง 黄色の

lɯɯm ลืม 忘れる

◇m

maa มา 来る

máa ม้า 馬

mǎa หมา 犬

maa-bun-khrɔɔŋ มาบุญครอง ［地］
　マーブンクローン

mâak มาก とても

maaleesia มาเลเซีย マレーシア

maalii มาลี マーリー（女性の名）

maarayâat มารยาท 礼儀

mahǎa-wítthayaalai มหาวิทยาลัย 大
学

mài ใหม่ 新しい

mâi ไม่ ...でない

mái ใหม ...ですか？

mái(máai) ไม้ ［類］串

makhǎam มะขาม タマリンド

malɯɯn-níi มะรืนนี้ 明後日

man มัน 油っこい

mao เมา 酔う

meesǎa-yon เมษายน 4月

méet เมตร メートル（単位）

mét เม็ด ［類］種，錠剤

mɛ̂ɛ แม่ 母

　mɛ̂ɛ-bɛ̀ɛp แม่แบบ ひな型，金型

　mɛ̂ɛ-kháa แม่ค้า 女商人

　mɛ̂ɛ-mâai แม่ม่าย 未亡人

　mɛ̂ɛ-náam แม่น้ำ 川

　mɛ̂ɛ-phǔa แม่ผัว 姑

　mɛ̂ɛ-rɛɛŋ แม่แรง ジャッキ，クレー
ン

mɛ́ɛ แม้ たとえ...でも

mɛɛo แมว ネコ

mia เมีย 女房

mii มี ある，いる，持っている

mìi หมี่ 麺

mǐi หมี クマ

miinaa-khom มีนาคม 3月

mîit มีด ナイフ

míthɔɔ มิเตอร์ メーター

míthùnaa-yon มิถุนายน 6月

mókkaraa-khom มกราคม 1月

moohǒo โมโห 怒る

mòt หมด ...し尽くす，尽きる

147

mót มด アリ

mɔ̌ɔ หมอ お医者さん

mɔ̌ɔ-chít หมอชิต ［地］モーチット

mɔɔradòk มรดก 遺産

mɔɔ tɤɤ sai มอเตอร์ไซค์ バイク

muai thai มวยไทย タイ式ボクシング

mùak หมวก 帽子

mûaŋ ม่วง 紫

mǔu หมู ブタ

mûa เมื่อ ...になった時には

mûa-rài เมื่อไร いつ

mûa-waan-níi เมื่อวานนี้ 昨日

mûa-wan-sɯɯn เมื่อวานซืน 一昨日

mǔan เหมือน 同じ

mɯaŋ เมือง 国, 町

mɯaŋ-thai เมืองไทย タイ国

mɯɯ มือ 手

mɯ̀ɯn หมื่น 万

◇n

ná นะ ...ね, 念押しの助詞

naa นา 田んぼ

nâa หน้า 顔, ページ, ［前］...の前に, ...の前で

　nâa-taa หน้าตา 顔つき

nâa- น่า- 形容詞を作る接頭語

　nâa-duu น่าดู 見るべき, ひどい

　nâa-kin น่ากิน おいしそうな

　nâa-rák น่ารัก かわいい

náa น้า 母の弟・妹

naalikaa นาฬิกา 時, 時計

naaŋ-phayaabaan นางพยาบาล 看護婦

naathii นาที 分（単位）

nai ใน ［類］...の中に, ...の中で

nǎi ไหน どの

nàk หนัก 重い

nák- นัก- 人を表わす造語成分

　nák-khàao นักข่าว ジャーナリスト

　nák-rian นักเรียน 生徒

　nák-rɔ́ɔŋ นักร้อง 歌手

　nák-sùksǎa นักศึกษา 学生

　nák-thúrákìt นักธุรกิจ 事業家

nakhɔɔn-pathǒm นครปฐม ［地］ナコンパトム

nám(náam) น้ำ 水

　nám-cai น้ำใจ 思いやりの気持ち

　nám-man น้ำมัน 油

　nám-nàk น้ำหนัก 重さ

　nám-tòk น้ำตก 滝

namátsàkaan นมัสการ 参詣する

nân นั่น それ, あれ

nán นั้น その, あの

nâŋ นั่ง 座る, 乗る

nǎŋ-sǔɯ หนังสือ 本

nǎŋ-sǔɯ-phim น.ส.พ. 新聞

148

narók นรก 地獄

né-nam แนะนำ アドバイスする

nɛ̂ɛ แน่ 確かに，きっと

nəəi เนย バター

nǐao เหนียว べとべとした

nîi นี่ これ，ここ

nîi หนี้ 負債

níi นี้ この

nǐi หนี 逃げる

níu นิ้ว 指

nom นม ミルク

nɔ́ɔi น้อย ちょっと，ついでに

nɔ̂ɔk นอก ［前］...の外に，...の外で

nɔɔn นอน 寝る

nɔ́ɔŋ- น้อง- 年下のきょうだい

　nɔ́ɔŋ-chaai น้องชาย 弟

　nɔ́ɔŋ-sǎao น้องสาว 姉

nɔ̌ɔŋ-khaai หนองคาย ［地］ノーンカ
　イ

nûat นวด あんまする

nǔu หนู ネズミ

nǔa เหนือ 上の，北の

nùai เหนื่อย 疲れた

nùŋ หนึ่ง 1

◇ŋ

ŋâai ง่าย たやすい，たやすく

ŋaan งาน 仕事

ŋɛɛŋɛɛ แงแง エーンエーン（泣声）

ŋən เงิน お金

　ŋən-dɯan เงินเดือน 給料

ŋuu งู ヘビ

◇o

 òk อก 胸

om อม 口に含む

oŋ องค์ ［類］僧侶，仏像，仏塔

oŋsǎa องสา 度（角度，温度）

òp อบ 蒸す

òt-thon อดทน 我慢する

◇ɔ

ɔ̀ɔk ออก 出る，出発する

　ɔ̀ɔk-bɛ̀ɛp ออกแบบ デザインする

ɔ̀ɔn อ่อน 弱い

◇p

pâa ป้า 伯母さん

pai ไป 行く

panhǎa ปัญหา 問題

pàtcùbanníi ปัจจุบันนี้ 現在

pathumwan ปทุมวัน ［地］パトムワ
　ン

pen เป็น ...になる，...である

　pen-lom เป็นลม 失神する

pèt เป็ด あひる

149

pɛ̀ แปะ 貼りつける

pɛ̀ɛt แปด 8

pɔ̀ɔt เปิด 開ける

pìak เปียก 濡れる

pianoo เปียโน ピアノ

pii ปี 年

  pii nâa ปีหน้า 来年

  pii níi ปีนี้ 今年

  pii thîi-lɛ́ɛo ปีที่แล้ว 去年

pîŋ ปิ้ง 焼く，あぶる

pìt ปิด 閉める

plaa ปลา 魚

  plaa-dìp ปลาดิบ 刺身

plɛɛŋ แปลง ［類］土地，区画

póoi sian โป๊ยเซียน 八仙

pràatthanǎa ปรารถนา 切望する

prapheenii ประเพณี 慣習

pratuu ประตู 扉

praisanii ไปรษณีย์ 郵便（局）

prasòp ประสบ 会う

  prasòpkaan ประสบการณ์ 経験

pratuunáam ประตูน้ำ ［地］プラトゥーナーム

prathêet ประเทศ 国

prawàt ประวัติ 歴史

  prawàttì-sàat ประวัติศาสตร์ 歴史学

prîao เปรี้ยว すっぱい

pǔi ปุ๋ย 肥料

puu ปู カニ

◇ph

phâa ผ้า 布

phaahùrát พาหุรัด ［地］パーフラット

phaai พาย 漕ぐ

phaasǎa ภาษา 言語

  phaasǎa aŋkrìt ภาษาอังกฤษ 英語

  phaasǎa ciin ภาษาจีน 中国語

  phaasǎa khaměen ภาษาเขมร クメール語

  phaasǎa têɛ-cǐu ภาษาแต้จิ๋ว 潮州語

  phaasǎa thai ภาษาไทย タイ語

  phaasǎa yîipùn ภาษาญี่ปุ่น 日本語

phàk ผัก 野菜

  phàk-chii ผักชี パクチー

phák พัก 休む，泊まる

phamâa พม่า ミャンマー

phan พัน 千

phanrayaa ภรรยา 妻

phaŋ พัง こわれる

phàt ผัด 炒める

phátthanaa พัฒนา 進歩する，開発する

phátthayaa พัทยา ［地］パッタヤー

phayaathai พญาไท ［地］パヤータイ

phèt เผ็ด からい

phɛ́ แพะ ヤギ

150

phěɛn-thîi แผนที่ 地図

pheeŋ แพง 値段が高い

phèn แผ่น ［類］紙，板，CD

phísèet พิเศษ 特別な

phîi พี่ 年上のきょうだい

  phîi-chaai พี่ชาย 兄

  phîi-nɔ́ɔŋ พี่น้อง 兄弟姉妹

  phîi-sǎao พี่สาว 姉

phǐi ผี お化け

phǐu ผิว 皮膚

phleeŋ เพลง 歌

phlěɛ แผล キズ

phlɔ̌ɔ เผลอ ウッカリする

phlɔɔi พลอย 宝石

phluu พลู ビンロウ

phǒm ผม ぼく，髪

phǒnlamáai ผลไม้ 果物

phǒŋ-karìi ผงกะหรี่ カレー粉

phóp พบ 会う

phɔɔ พอ 十分な

phɔ̂ɔ พ่อ 父

  phɔ̂ɔ-mɛ̂ɛ พ่อแม่ 両親

phɔ̌ɔm ผอม やせている

phrá พระ 僧，聖なる

  phrá-khun พระคุณ 御徳

  phrá-phúttharûup พระพุทธรูป 仏像

phrɛɛo แพรว 輝き

phrík พริก とうがらし

phrɔ́ เพราะ なぜなら

phrɔ́ɔm-phoŋ พร้อมพงษ์ ［地］プロ
ムポン

phrûŋ-níi พรุ่งนี้ 明日

phrútsaphaa-khom พฤษภาคม 5月

phrútsacìkaa-yon พฤศจิกายน 11月

phǔa ผัว ダンナ

  phǔa-mia ผัวเมีย めおと

phúttha-sàkkaràat พุทธศักราช（พ.ศ.）
仏暦

phûu- ผู้- 人を示す造語成分

  phûu-chaai ผู้ชาย 男

  phûu-chîao-chaan ผู้เชี่ยวชาญ 専門
家

  phûu-dii ผู้ดี 上流の人

  phûu-yǐŋ ผู้หญิง 女

phuu-khǎo-fai ภูเขาไฟ 火山

phuukèt ภูเก็ต ［地］プーケット

phûut พูด 話す

phɯ̂an เพื่อน 友達

phɯ̂ŋ พึ่ง …したばかりです

phɯ̌ɯn ผืน ［類］腰布，タオル，絨毯，
ござ

◇r

raai-ŋaan รายงาน レポート

raamkhamhɛ̌ɛŋ รามคำแหง ［人］ラー
ムカムヘン

151

ráan ร้าน 店

râat ราด かける

râatchakaan ราชการ 公務

râatchathaanii ราชธานี 首都

râi ไร่ ライ（単位）

ram รำ 踊る

rák รัก 愛する

ranâat ระนาด ラナート

rao เรา わたしたち

ráp รับ 受けとる，迎える

rátthabaan รัฐบาล 政府

rátthamontrii รัฐมนตรี 大臣

rawàaŋ ระหว่าง ［前］...の間

reo เร็ว 速い

rôəm เริ่ม 始まる，始める

rîak เรียก 呼ぶ

rian เรียน 学ぶ，習う

rîap-róoi เรียบร้อย きちんとする

rîip รีบ 急ぐ

rîit รีด 掛ける

rôm ร่ม 傘

rooŋ- โรงละคร 建物を示す造語成分

  rooŋ-lakhɔɔn โรงละคร 劇場

  rooŋ-năŋ โรงหนัง 映画館

  rooŋ-ŋaan โรงงาน 工場

  rooŋ-phayaabaan โรงพยาบาล 病院

  rooŋ-rɛɛm โรงแรม ホテル

  rooŋ-rian โรงเรียน 学校

rót รถ 車

  rót-fai รถไฟ 鉄道

  rót-mee รถเมล์ バス

rɔɔ รอ 待つ

rɔ́ɔi ร้อย 100

  rɔ́ɔi láan ร้อยล้าน 一億

rɔ̀ɔk หรอก ...だよ

rɔ́ɔn ร้อน 暑い，熱い

rɔ́ɔŋ ร้อง 歌う，叫ぶ

ruai รวย お金持ちの，富んだ

ruu รู 穴

rúu รู้ 知っている

  rúu-rûaŋ รู้เรื่อง わかる

rûup รูป 写真，絵

rɯa เรือ 舟

  rɯa-bai เรือใบ ヨット

rɯan เรือน 家屋，［類］時計

rɯ̂aŋ เรื่อง 話，［類］小説，映画，演

  劇

rɯ̌ɯ หรือ あるいは，...なんですか？

  rɯ̌ɯ plàao หรือเปล่า ...ですか？

  rɯ̌ɯ yaŋ หรือยัง もう...しましたか

◇s

sa-àat สะอาด 清潔な

saai ทราย 砂

sǎai สาย 遅く，［類］川，道

sǎam สาม 3

152

săamii สามี 夫

sâaŋ สร้าง 建設する

sâap ทราบ 存じている

sàatsanăa ศาสนา 宗教

săathɔɔn สาธร サートーン

sadɛɛŋ แสดง 表わす

sahà-prachaachâat สหประชาชาติ 国連

sài ใส่ 着る，入れる

sakòt สะกด つづる，つづりを示す

samèt เสม็ด ［地］サメット島

sămkhan สำคัญ 重要な

sămnák-ŋaan สำนักงาน 事務所

sămphâat สัมภาษณ์ インタビューする

sămrèt สำเร็จ 完成する，うまくいく

sămrùat สำรวจ 調査する

samùt สมุด ノート

sanăam สนาม 広場

sanùk สนุก 楽しい

sàp ศัพท์ 語

saphaa สภา 会堂，議会

saphaan สะพาน 橋

sàt สัตว์ 動物

　sàt-líaŋ สัตว์เลี้ยง ペット

sayăam สยาม ［地］サヤーム

sathăanii สถานี 駅

sèet เศษ かけら

sèetthakìt เศรษฐกิจ 経済

sên เส้น ［類]ベルト，両端のあるもの，ネクタイ

sen chɯ̂ɯ เซ็นชื่อ サインする

sèt เสร็จ …しおわる

sɛ̌ɛn แสน 十万

sì สิ （強め，念押し）

sĭa-chɯ̂ɯ เสียชื่อ 名が汚れる

sĭaŋ daŋ เสียงดัง 大声

sìi สี่ 4

sĭi ศรี 聖なる

sĭi สี 色

　sĭi-khăao สีขาว 白い

sĭi-lom สีลม ［地］シーロム

sĭŋhăa-khom สิงหาคม 8月

sìp สิบ 10

　sìp láan สิบล้าน 一千万

sòkkapròk สกปรก 不潔な

sôm ส้ม オレンジ

sŏmbuun สมบูรณ์ 完全な

sŏn-cai สนใจ 興味がある

sòŋ ส่ง 送る

sŏŋkhraam สงคราม 戦争

sôm ซ่อม 修理する

sɔ̌ɔn สอน 教える

sɔ̌ɔŋ สอง 2

sɔ̀ɔp สอบ 試験，試験する

　sɔ̀ɔp-dâi สอบได้ 試験に受かる

153

sɔ̀ɔp-tòk สอบตก 試験に落ちる

sŭai สวย きれいな, 美しい

sùan ส่วน 部分

sŭan สวน 庭

sùat สวด 読経する

sùk สุก 熟す

sùkkhaphâap สุขภาพ 健康

sùkhŏothai สุโขทัย ［地］スコータイ

sùkhŭmwít สุขุมวิท ［地］スクムウィット

sùrào สุเหร่า モスク

sŭun ศูนย์ 0

sùa เสื่อ ござ

sûa เสื้อ 服

sŭa เสือ トラ

sɯ́ɯ ซื้อ 買う

sɯ́ɯ-khɔ̌ɔŋ ซื้อของ 買い物をする

◇t

taa ตา 目, （母方の）祖父

taai ตาย 死ぬ

taam ตาม 従う

taaraaŋ méet ตารางเมตร 平方メートル

tâi ใต้ ［前］...の下に, ...の下で

tàk ตัก よそる

talàat ตลาด 市場

tamraa ตำรา 教科書

tamrùat ตำรวจ(ตร.) 警察

taŋ ตังค์ 金, 銭

tâŋ-tɛ̀ɛ ตั้งแต่ ［前］...から（時間）

tao เตา コンロ

tào เต่า 亀

tàt ตัด 縫う, 裁断する

tàt-sĭn-cai ตัดสินใจ 決心する

tɛ̀ɛ แต่ しかし, だが

tɛ̀ŋ-ŋaan แต่งงาน 結婚する

tì ติ 非難する

tii ตี 打つ, たたく

tó โต๊ะ 机

tòk ตก 落ちる

tôm ต้ม 煮る

tôm-yam ต้มยำ トムヤム（和え物）

tôm-yam-kûŋ ต้มยำกุ้ง トムヤムクン

ton ต้น ［類］樹木, 天人, 精霊, 鬼

tɔ̂ŋ ต้อง ...しなければならない, 絶対...にちがいない

tɔ̀ɔ ต่อ つづける

tɔɔn ตอน 部分、時刻の頃合い

tɔɔn bàai ตอนบ่าย 昼下がり

tɔɔn cháao ตอนเช้า 朝方

tɔɔn klaaŋ-wan ตอนกลางวัน 昼間

tɔɔn khâm ตอนค่ำ 夜更け

tɔɔn yen ตอนเย็น 夕方

tɔ̀ɔp ตอบ 答える

traa ตรา ハンコ

154

trεε แตร ラッパ

triam เตรียม 準備する

  triam-tua เตรียมตัว 支度する

tua ตัว 身体, [類] 動物, 机, イス, 衣類, 人形, 文字

tŭa ตั๋ว 切符

tùlaa-khom ตุลาคม 10月

tùk ตึก ビル

tùɯn ตื่น 目覚める

◇th

thaa ทา 塗る

thâa ถ้า もし...なら

thâa ท่า 港

  thâa-rɯa ท่าเรือ 船着き場

thàai rûup ถ่ายรูป 写真を撮る

thăam ถาม たずねる

thaan ทาน いただく, 召し上がる

thaaŋ ทาง 道

thâat ธาตุ 構成要素, 元素

thahăan ทหาร 兵隊

thai ไท タイ族

thai ไทย タイ（の）

thalee ทะเล 海

tham ธรรม 法

tham ทำ 作る, する

  tham-ŋaan ทำงาน 働く

tham-mai ทำไม なぜ

thanaai-khwaam ทนายความ 弁護士

thanaakhaan ธนาคาร 銀行

thanŏn ถนน 道

thanwaa-khom ธันวาคม 12月

thâo-rài เท่าไร どのくらい

thee เท 注ぐ

théksîi แท็กซี่ タクシー

thêŋ แท่ง [類] 鉄棒, チョーク, 鉛筆

thə̀ เถอะ ...しよう

thîaŋ เที่ยง 0時, まさに, ぴったり

thîao เที่ยว 運行の便, 遊ぶ

thîi ที่ [類] ...に, ...で

thîi-din ที่ดิน 土地

thîi-lέεo ที่แล้ว 去った, 過去の

thîi-năi ที่ไหน どこ

thîi-nâŋ ที่นั่ง 座席

thìip ถีบ 蹴とばす

thôot โทษ 罰

thoorasàp โทรศัพท์ 電話

thoorathát โทรทัศน์ テレビ

thɔɔ phâa ทอผ้า はたを織る

thɔ́ɔŋ ท้อง 腹

  thɔ́ɔŋ-fáa ท้องฟ้า 大空

thɔ̂ɔt-man ทอดมัน サツマアゲ

thûai ถ้วย 椀, [類] 椀

thúk ทุก 毎...

thŭŋ ถุง 袋

155

thúrian ทุเรียน ドリアン

thùuk ถูก …に当たる，正しい，安い

thǔŋ ถึง 至る，[前]…まで（移動の
終点）

thǔɯ ถือ …をもつ

◇u

ûm อุ้ม 抱く

ùut อูฐ ラクダ

◇ɯ

ùɯn อื่น 他の

◇w

wâa ว่า …と

wǎan หวาน 甘い

wâat วาด 描く

wâi ไหว้ ワイ（合掌礼）する

wan วัน 日（日にち）

  wan-aathít วันอาทิตย์ 日曜日

  wan-aŋkhaan วันอังคาร 火曜日

  wan-can วันจันทร์ 月曜日

  wan-níi วันนี้ 今日

  wan-pharúhàt วันพฤหัสบดี 木曜日

  wan-phút วันพุธ 水曜日

  wan-sǎo วันเสาร์ 土曜日

  wan-sùk วันศุกร์ 金曜日

wát วัด 寺院

wát-phrá-kêɛo วัดพระแก้ว エメラル
ド寺院

wátthanatham วัฒนธรรม 文化

weethii เวที 舞台

wɛ̌ɛn แหวน 指輪

wǐi หวี クシ，クシですく

wínaathii วินาที 秒（単位）

wîŋ วิ่ง 走る

wítthayaalai วิทยาลัย 専門学校

wiu วิว 風景

woŋ วง [類]音楽のバンド，指輪

wua วัว 牛

◇y

yaa ยา 薬

yàa อย่า …するな（禁止）

yaai ยาย 母の母

yáai ย้าย 引っ越す

yàak อยาก …したい

yâak ยาก むずかしい

yaam ยาม 時，夜警

yaaŋ ยาง ゴム

  yaaŋ-lóp ยางลบ 消しゴム

yàaŋ อย่าง [前]…のように，[類]
品目

  yàaŋ-rai อย่างไร どのように

yâaŋ ย่าง 焼く

yaao ยาว 長い

156

yàap	หยาบ	粗い, ガラの悪い	yen	เย็น	涼しい, 夕刻
yài	ใหญ่	大きい	yɛ̂ɛ	แย่	悪い
yam	ยำ	和え物	yîi	ยี่	（十の桁の）2
yaŋ	ยัง	まだ...だ	yîipùn	ญี่ปุ่น	日本
yaowarâat	เยาวราช	［地］ヤオワラート	yùu	อยู่	...にいる, ある
yáp	ยับ	しわになる	yuudoo	ยูโด	柔道
yeesuu	เยซู	イエス（キリスト）	yɯɯn	ยืน	立つ

タイ語福袋　ラーマ４世王の時代

　日本の幕末をペリー来航から明治維新までだとすると，ちょうどその時代にタイを導いたのがラーマ４世王です．映画『王様と私』でユルブリンナーが演じていましたが，実像はだいぶ違います．フランス人神父とパーリ語とフランス語を教えあったり，天文学の計算が好きで日食の時間を割り出して観測したり，ラテン語でサインしたり，きわめて開明的で自由な知性を持った人でした．この時代にタイ語の活字を用いた出版も始まっています．次代のリーダーたる王族子弟の教育も熱心に行ないました．そのおかげで次のラーマ５世王の時にはタイプライターができてタイ文字の形が定まり，子供に文字を教えるためのコー・カイ，コー・カイという呼び方もできました．４世王の功績は讃えきれません．

著者紹介
山田 均（やまだ ひとし）
　1959年生。早稲田大学第一文学部東洋哲学科卒業。仏教学と梵語を学ぶ。
　論文「タイ仏教僧団の研究」で小野梓学術賞。論文「タンマユット派の
　研究」により博士（文学、早稲田大学）。武蔵野大学教授。
　主要著書
　『タイ語のかたち』『タイ語の耳』『タイ語の目』（白水社）
　『世界語楽紀行　旅するタイ語』（日本放送出版局、監修）
　『キーワードで覚える！やさしいタイ語会話』（ユニコム）
　『タイ仏教教団タンマユット派の研究』（五曜書房）
　『タイ　自由と情熱の仏教徒たち』（三修社）
　『世界の食文化　タイ』（農山漁村文化協会）
　『タイを歩く』（You出版局）
　『タイの壺』『タイの鍵』『タイこだわり生活図鑑』（トラベルジャーナル）

文字の読み書きをしっかり学ぶ
タイ語の目［増補新版］

2023 年 2 月 10 日　印刷
2023 年 3 月 5 日　発行

著　者 ©　山　田　　　均
発行者　　　岩　堀　雅　己
印刷所　　　株式会社ルナテック

〒101-0052　東京都千代田区神田小川町 3 の 24
発行所　電話　03-3291-7811（営業部），7821（編集部）　株式会社白水社
　　　　www.hakusuisha.co.jp
　　　　乱丁・落丁本は、送料小社負担にてお取り替えいたします。

振替　00190-5-33228　　Printed in Japan　　加瀬製本

ISBN978-4-560-08958-3

パスポート
初級タイ語辞典

宇戸清治 編

カナ発音と発音記号併記。基本語彙網羅・用例豊富・コラム充実。口語表現も多数掲載。巻末に分類別単語集、日本語引き小辞典付き。語数 5200。 **B6判**

タイ語のかたち ［ワイド版］

山田均 著

タイ語の文字が解読できる、とびきり楽しい入門書。街にあふれる看板やメニューなどを素材にタイ文字に慣れてみよう。名前も書ける！　大きなタイ文字で、それぞれの文字の違いもクッキリわかる親切設計。おまけ音源は無料ダウンロード。 **A5判**

発音と文法のしくみを楽しく学ぶ
タイ語の耳 ［新版］

山田均 著

心地よいタイ語の「ひびき」。この音のしくみとタイ語の文法をローマ字表記だけで学んでいく、魅力的な一冊。音声無料ダウンロード。 **A5判**

ニューエクスプレス＋ タイ語

水野潔 著

会話＋文法、入門書の決定版がパワーアップ。魅力的な文字に美しい声調をもち、文法はシンプル。近年、ますます身近になっているタイ語を、楽しくやさしく入門。音声アプリあり。 **2色刷 A5判【CD付】**